DÉCOUVRIR
L'HYPNOTHÉRAPIE

Avertissement

Les conseils, informations et recommandations contenus dans cet ouvrage ne doivent en aucun cas vous inciter à l'autodiagnostic ou à l'automédication. Ils ne remplacent pas le diagnostic ni les soins d'un praticien qualifié. Ils ne vous dispensent pas de consulter votre médecin. N'interrompez jamais un traitement, ne modifiez jamais une prescription sans avis médical. Ni les auteurs ni l'éditeur ne pourront être tenus pour responsables de la mauvaise utilisation d'un remède ou d'une thérapie décrits dans ces pages.

Vera Peiffer

Découvrir l'hypnothérapie

• MARABOUT •

Pour Ursula Markham, avec toute ma gratitude
pour ses encouragements

Sommaire

Introduction

En dépit de son succès et de son efficacité prouvée, l'hypnose est apparue quelquefois sous un jour défavorable. Des spectacles, des reportages à sensation et l'inconséquence d'un petit nombre de praticiens ont ajouté à la confusion qui existe toujours à propos de cette très ancienne thérapie. Tout le monde a entendu parler de l'hypnose, mais on ne connaît en général que l'utilisation de la suggestion pour aider les gens à s'arrêter de fumer ou à perdre du poids. Cependant, l'hypnose peut faire infiniment plus.

Le présent ouvrage synthétise les découvertes scientifiques sur l'hypnose et développe son utilisation pour soulager, selon différentes méthodes, certains troubles comme la dépression, l'anxiété, l'angoisse, les crises de panique, la douleur, le manque de confiance en soi, etc. Vous trouverez des descriptions claires sur les procédés de l'hypnose, illustrés par des cas authentiques, mais aussi une liste de recommandations que vous devrez lire si vous avez l'intention de consulter un hypnothérapeute.

Un chapitre entier est consacré au syndrome du pseudo-souvenir, et vous y trouverez les questions à poser pour éviter d'avoir affaire à un praticien qui vous entraînerait dans de tels abus.

1 ■ Histoire et développement

Comme l'attestent de nombreux documents anciens, l'hypnose est une des plus anciennes thérapies. Les écritures cunéiformes qui datent de 4 000 ans avant J.-C. révèlent que les Sumériens l'utilisaient comme outil thérapeutique. Des prêtres médecins spécialement formés donnaient aux malades des suggestions hypnotiques, comme allaient le faire plus tard les fakirs hindous, les mages perses et les yogis indiens. Des papyrus nous disent que, dans l'Égypte ancienne, les prêtres médecins demandaient aux malades de regarder fixement une pièce de métal brillante pour induire une transe hypnotique – procédé précurseur de la «méthode de la fixation» (voir page 116) encore en usage aujourd'hui.

L'utilisation de suggestions hypnotiques dans le but de guérir a été poursuivie pendant tout le Moyen Âge mais, jusqu'en 1530, on explique les guérisons dues à l'hypnose par l'intervention divine.

Paracelse (1493-1541), homme de science et médecin suisse, développe une théorie sur la correspondance entre les astres et les maladies humaines, ainsi que sur le magnétisme humain. Plus tard, Franz Anton Mesmer (1734-1815), médecin autrichien, approfondit la théorie en soutenant qu'un fluide universel enveloppe et pénètre la Terre ainsi que tous les êtres humains, et que les planètes influent sur le corps humain par l'intermédiaire de ce fluide magnétique invisible. Mesmer appelle ce fluide «magnétisme animal» et suggère que la maladie ou la souffrance provient d'une mauvaise répartition de ce fluide dans le corps. Il pose en principe que les aimants, avec leur pouvoir d'attraction et de répulsion, peuvent rééquilibrer ce fluide. Les thérapies par le toucher et par le massage sont d'autres méthodes utilisées alors et Mesmer décide de combiner tous ces procédés pour soigner ses patients. Il leur demande de poser une pièce de métal sur la partie souffrante de leur corps et, ce faisant, il les touche avec une tige de métal, prétendant que ce procédé redistribue le fluide magnétique et, par là même, facilite la guérison.

Mesmer est un homme charismatique, qui procède à une mise en scène en installant ses patients dans une pièce sombre où l'on joue de la musique pour créer une ambiance appropriée. Au milieu de la pièce trône un baquet de chêne rempli de limaille de fer, de poudre de verre et d'eau, d'où émergent des tiges de fer. Les patients doivent observer un silence absolu en entrant dans le baquet et s'asseyent sur le rebord de façon à pouvoir tenir les tiges. Mesmer fait alors une entrée théâtrale, manteau flottant, circulant parmi les malades et, à l'occasion, touchant l'un d'eux de la main ou avec une tige en fer. Pendant l'opération, les patients doivent faire preuve de réactions physiques telles que quintes de toux ou convulsions. Ces réactions, appelées «crises», sont considérées comme des signes avant-coureurs de guérison.

Anton Mesmer réussit des guérisons spectaculaires.

Mesmer réussit des guérisons spectaculaires dans bien des cas où la médecine d'alors avait échoué. Devant la jalousie des médecins, il est forcé de fuir Vienne pour Paris, mais les difficultés le suivent. Sous la pression des médecins, Louis XVI ordonne une recherche sur le «magnétisme animal». Aucune explication scientifique n'ayant été apportée pour expliquer les guérisons, ce type de thérapie est alors interdit. Une simple discussion sur le sujet peut conduire au retrait du permis d'exercer la médecine. On explique les guérisons de Mesmer comme étant le fruit de l'imagination des patients. Mesmer doit arrêter de pratiquer et revient dans sa ville natale, où il meurt en 1815.

En 1813, l'abbé Faria (1755-1819) rectifie la théorie de Mesmer en établissant que, selon des recherches qu'il avait effectuées en Inde, il n'y a pas nécessité d'un fluide universel pour induire une transe : c'est le pouvoir de suggestion qui provoque l'état apparent d'assoupissement. Cette nouvelle théorie est aussi soutenue par Alexandre Bertrand, éminent médecin français, qui ajoute que ces résultats ne sont pas obtenus par les suggestions hypnotiques, mais par l'influence de l'imagination du patient.

Après avoir connu un vif succès, ses théories sont condamnées.

L'induction du «sommeil lucide» est développée plus tard par l'Anglais James Braid (1795-1860). Après avoir vu le «magnétiseur» suisse Lafontaine, Braid essaye de le faire passer pour un charlatan. Cependant, en faisant des expériences sur différents patients, y compris ses proches et ses domestiques, Braid constate que l'état apparent de transe est authentique et que les gens peuvent entrer dans cet état très naturellement après avoir fixé leur regard sur un objet brillant pendant quelques minutes seulement.

Il dénomme cet état «hypnose», d'après le mot grec *hypnos* qui signifie « sommeil ». Braid découvre que cette fixité du regard produit l'hypnose chez les humains comme chez les animaux. Obtenant d'excellents résultats dans des cas médicaux et chirurgicaux, il se propose de faire une communication à l'Association britannique pour le progrès des sciences, mais son offre est rejetée. Le même refus est opposé à d'autres médecins qui utilisent l'hypnose avec succès : ils sont ignorés, ridiculisés ou démis de leurs fonctions.

Les résultats de l'hypnose suscitent des controverses.

C'est seulement lorsque le professeur Hippolyte Bernheim (1843-1919) s'intéresse aux travaux d'Ambroise-Auguste Liébeault, un médecin parisien qui utilise avec succès depuis des années la suggestion hypnotique, que l'hypnose commence à être considérée plus sérieusement par l'élite médicale. Célèbre neurologue de Nancy, le professeur Bernheim est tellement impressionné par ce qu'il voit à la clinique de Liébeault qu'il fonde l'école de Nancy, le premier institut consacré à l'application scientifique de l'hypnose. En 1886, Bernheim publie son ouvrage *De la suggestion,* qui établit les bases sur lesquelles la théorie moderne de la suggestion est construite.

À peu près à la même époque, le docteur Joseph Breuer, médecin viennois, découvre par hasard que, s'il encourage ses patients à parler librement sous hypnose, ils peuvent se rappeler des événements dont ils sont incapables de se souvenir à l'état normal. Se rappeler des événements traumatisants refoulés a pour conséquence une réaction émotionnelle (rien à voir avec les «crises» de

Mesmer) qui provoque un allégement des symptômes. Sigmund Freud (1856-1939) travaille avec Breuer, étayant une partie de ses travaux par ses découvertes. Il abandonne plus tard l'hypnose, parce qu'il lui est parfois impossible de vaincre la résistance de ses patients à libérer des souvenirs traumatisants. Certes, Freud, pour se concentrer sur le développement de son approche psychanalytique, abandonne l'hypnose, mais cette thérapie ne cesse de progresser. Pendant et après la Première Guerre mondiale, l'hypnose est de plus en plus pratiquée pour permettre aux soldats de surmonter le traumatisme qu'ils ont subi dans les tranchées.

Freud a utilisé l'hypnose pour soigner ses patients.

En 1953, un sous-comité de la Commission du groupe psychologique dépendant de l'Association médicale britannique est formé pour étudier l'hypnose comme adjuvant à la médecine traditionnelle. Bien des découvertes ont été faites depuis quant au travail et aux fonctions de l'inconscient et la façon dont celui-ci influence les réactions et le comportement humains. Le sous-comité estime que l'hypnose est un outil très utile lorsqu'on en vient au traitement psychosomatique et aux maladies névrotiques, sans parler de son efficacité dans la chirurgie, la dentisterie et l'obstétrique pour soulager la douleur. Le comité suggère aussi d'inclure l'hypnose dans la formation des psychiatres.

Aujourd'hui, l'hypnose est utilisée avec succès non seulement en chirurgie, en dentisterie et comme outil psychothérapeutique, mais aussi dans le développement personnel. Elle permet d'améliorer les performances sportives ou professionnelles, d'avoir une plus grande confiance en soi, d'être plus compétent dans la vie quotidienne, de développer la mémoire, enfin, de libérer les blocages mentaux et les potentialités qui induisent une attitude plus positive.

2 ■ Qu'est-ce que l'hypnose ?

On peut définir l'hypnose comme «un état psychologique particulier, assorti de certaines qualités physiologiques, ressemblant à un sommeil superficiel et marqué par un fonctionnement de l'individu à un niveau de vigilance différent de l'état de conscience ordinaire. Cet état est caractérisé par un degré de réceptivité et de sensibilité accru, dans lequel on donne autant de signification aux perceptions fondées sur l'expérience intérieure qu'à la réalité extérieure*».

Voici une description précise de l'état d'hypnose. Mais que se passe-t-il au niveau physique lorsque quelqu'un est sous hypnose ? Comment la personne sous hypnose vit-elle cet état ? Et qu'arrive-t-il à l'esprit pendant l'hypnose ?

Avant d'examiner la recherche scientifique et l'expérience individuelle de l'hypnose, il est nécessaire de comprendre quelques points fondamentaux du fonctionnement de l'esprit humain.

Le conscient et l'inconscient

L'esprit, exactement comme un iceberg, est divisé en deux parties : le haut de l'iceberg – c'est-à-dire l'esprit conscient qui nous assiste chaque jour dans les prises de

---

* *Encyclopaedia britannica, 15e édition (1990), vol. 6, p. 203.*

décisions et dans les situations nouvelles où nous devons appliquer une idée rationnelle pour décider ce qu'il faut faire et comment – et la partie immergée, l'inconscient, qui travaille en « pilote automatique » et traite nombre de problèmes, tels que :

- les émotions,
- l'imagination,
- les souvenirs,
- le système nerveux autonome.

Les émotions

Les émotions sont à l'opposé de la rationalité. La joie, le bonheur, la colère, le désappointement, la crainte surviennent sans prévenir. Ces émotions sont simplement là. Une pensée peut susciter une émotion, mais aussi une remarque émise en notre présence ou même une remarque que quelqu'un a faite des années auparavant.

L'imagination

Le terme « imagination » désigne un grand nombre d'aspects de notre inconscient, tels que les idées, la créativité, l'intuition, la prémonition, les rêves éveillés et les songes.

Les souvenirs

L'inconscient garde en mémoire tout ce que nous avons vu, entendu, expérimenté ou appris. Cela ne veut pas dire pour autant que nous avons accès à ces informations : normalement, un grand nombre de souvenirs y restent enfouis, bien que l'hypnose puisse, dans une grande mesure, faciliter leur rappel.

Le système nerveux autonome

Le système nerveux autonome contrôle et régule automatiquement nos organes. Par exemple, il provoque la «chair de poule» lorsque nous avons froid, dilate les pupilles lorsque la lumière diminue ou, au contraire, les contracte lorsqu'elle s'intensifie. C'est lui qui vous fait saliver lorsque vous contemplez, ou simplement pensez, à un mets délicieux.

Ces quatre fonctions principales de l'inconscient sont étroitement liées, et un cycle automatique s'établit. Si, par exemple, on vous accable sans cesse de critiques, votre inconscient réagit par des émotions désagréables qui, à leur tour, déclenchent des réactions physiques de stress par l'intermédiaire du système nerveux autonome : le cœur se met à battre un peu plus vite parce que l'adrénaline passe dans le sang, la tension monte et le taux de glucose dans le sang s'élève. Ce sentiment émotionnel et physique désagréable influence à son tour la mémoire, y laissant une «empreinte» négative de la personne qui vous a ainsi critiqué. Par la suite, en pensant à elle, vous revivrez encore et toujours cet incident, accentuant le côté négatif de cette empreinte.

Les traumatismes du passé sont inscrits dans notre mémoire.

Un exemple d'empreinte positive pourrait être le cas d'une petite fille rencontrant un chien pour la première fois. Si on l'encourage à caresser l'animal et s'il répond amicalement, l'enfant éprouvera un sentiment agréable, son corps se détendra et elle s'en ira avec un souvenir très plaisant du chien. Une trace positive dans la mémoire a été établie. En répétant l'expérience, l'enfant n'aura jamais peur des chiens.

Notre mémoire garde des traces positives et négatives selon nos expériences passées et nous réagissons à toute situation donnée selon ces souvenirs.

Beaucoup d'empreintes laissées dans la mémoire remontent à l'enfance, bien que nous ne nous souvenions pas nécessairement de l'incident initial. Cependant, nous éprouvons souvent le sentiment même qui accompagnait cet événement dès que nous rencontrons, plus tard, une situation similaire. Peut-être avons-nous oublié que nous avons été mordu par un chien étant enfant, mais notre inconscient nous «rappellera» indirectement l'incident en nous faisant éprouver un sentiment de crainte chaque fois que nous voyons un chien.

Les sentiments que nous éprouvons ne tombent pas du ciel : ils sont toujours liés à un incident réel. Plus l'émotion provoquée par un événement est forte, plus elle se grave dans la mémoire et resurgit automatiquement quand nous vivons des événements similaires. L'hypnose peut aider à découvrir l'événement déclenchant et, par là, à rompre le schéma de réponses négatives que nous avons mis en place devant certaines situations ou personnes.

Les découvertes scientifiques

Ces dernières décennies, l'hypnose a de plus en plus été reconnue comme un outil thérapeutique de valeur, non seulement par le public mais aussi par le corps médical. Des crédits pour la recherche ont été alloués pour effectuer des tests cliniques. La plupart des recherches ont été menées aux États-Unis, mais des tests en laboratoire se sont poursuivis au Canada, en Australie, en Allemagne et dans d'autres pays européens.

La recherche s'est focalisée sur un certain nombre de fonctions physiques qui sont mesurées avant, pendant et après la séance d'hypnose. On a découvert que, sous hypnose, la respiration et le rythme cardiaque ralentissent, les bronches se dilatent, la tension diminue et la production d'acide gastrique se réduit. De plus, aucune hormone de stress ne passe dans le sang. Les chercheurs de l'université de Constance ont observé que, même chez des sujets en transe légère, les globules blancs s'accrochent plus fermement aux vaisseaux sanguins, ce qui, pense-t-on, pourrait augmenter l'immunité de l'organisme. Celui-ci semble alors produire plus de lymphocytes, supports de l'immunité, ce qui pourrait expliquer pourquoi l'hypnose pourrait être utilisée dans le traitement des cellules cancéreuses.

Sous hypnose, le corps et l'esprit se détendent.

Ces découvertes scientifiques font apparaître clairement que l'hypnose est un outil idéal pour soulager certains maux de tête, asthme, embarras gastriques, tension et stress.

Les dernières recherches ont prouvé que l'hypnose n'est pas de même nature que le sommeil. Des chercheurs de l'université de Stanford, en Californie, ont observé les ondes cérébrales de sujets sous hypnose en utilisant un électro-encéphalographe (EEG), appareil qui enregistre l'activité électrique du cerveau. Les cellules nerveuses du cerveau générant des impulsions électriques rythmées, l'EEG inscrit celles-ci en crêtes et en creux sur un ruban. Sous hypnose, le cerveau émet des ondes alpha qui dénotent un état mental alerte et une relaxation physique. Ces ondes sont très différentes de celles émises lorsque le sujet est réellement endormi ; dans ce cas, elles deviennent extrêmement lentes, prouvant que le sommeil est d'un type tout à fait différent de la transe hypnotique – ce qui devrait rassurer ceux qui appréhendent de perdre conscience sous hypnose.

Ce que l'on ressent sous hypnose

Il y a encore toutes sortes de légendes et d'idées fausses dans le public au sujet de l'hypnose. De nombreuses personnes sont effrayées à l'idée de tenter l'expérience parce qu'elles s'imaginent qu'elles seront inconscientes, pareilles à des zombies sans défense, à la merci des intentions douteuses d'un hypnothérapeute. Il n'en va pas ainsi. En réalité, être sous hypnose n'a rien de spectaculaire.

L'hypnose est un phénomène normal, que nous rencontrons tous les jours. Ne vous est-il jamais arrivé de :

- regarder par la fenêtre, les yeux dans le vague, en pensant à quelque chose de particulier ?
- lire un très bon livre et vous trouver si absorbé que vous oubliez où vous êtes et que vous êtes en train de lire ?
- vous impliquer dans une occupation longue mais passionnante, comme le jardinage ou les jeux sur ordinateur, en oubliant le temps qui passe ?
- conduire votre voiture ou être assis dans le train pendant longtemps et sentir que la monotonie du paysage a tendance à vous endormir ?
- vous sentir un peu planer après un concert de rock ou de pop, sans avoir fumé ni bu la moindre goutte d'alcool ?

Si vous avez connu de telles expériences, vous avez déjà été sous hypnose. La seule différence est que vous n'avez pas appelé cet état «hypnose», mais «rêve éveillé», vous avez eu l'impression d'être «perdu dans vos pensées» ou «loin». Lorsque vous regardez par la fenêtre en rêvant, vous savez encore que vous êtes assis dans votre salon, mais cette constatation n'est pas très importante du moment que vous pouvez poursuivre le cours de vos pensées. Cependant, si quelque chose attire votre attention, si quelqu'un vous appelle par votre nom ou si le téléphone se met à sonner, vous sortez immédiatement de votre rêve. Si, par hasard, quelqu'un vous ayant observé vient ensuite vous soutenir que vous étiez absent ou inconscient, vous le démentiriez et vous auriez raison.

Être sous hypnose n'a rien de dangereux.

Plusieurs fois par jour, nous entrons et sortons instantanément de l'état d'hypnose et cela naturellement, aussi n'y a-t-il là rien de dangereux. L'hypnothérapeute ne fait que favoriser cet état de transe à volonté, plutôt que de laisser le hasard le faire. On ne peut vous hypnotiser contre votre volonté. On ne peut rien faire si vous ne le voulez pas.

Lorsque vous êtes sous hypnose, vous dirigez votre attention vers l'intérieur de vous-même. Bien que vous sachiez où et avec qui vous êtes, vous n'y prêtez plus attention. Vous êtes tout entier concentré sur les suggestions du thérapeute, qui prennent souvent la forme d'images. Pendant que vous suivez ces images intérieurement, vous pourriez ouvrir les yeux, mais pourquoi les ouvrir ? Le scénario du thérapeute est tellement apaisant et rassurant...

Laissez-vous guider dans un voyage intérieur.

Dans ce contexte, le rôle du thérapeute est de vous emmener en voyage sous hypnose. Il est le guide mais c'est vous qui voyagez. Il ne fait que faciliter cet état : c'est le patient qui entre sous hypnose. C'est pourquoi de nombreux hypnothérapeutes expliquent à leurs patients que toute hypnose est en réalité une autohypnose.

Pendant que vous êtes sous hypnose, vous allez, selon toute vraisemblance, éprouver quelques-unes des sensations suivantes :

- les yeux larmoient
- les paupières se ferment
- la respiration ralentit

- l'estomac gargouille
- d'agréables picotements envahissent les bras et/ou les jambes
- une sensation particulière de lourdeur/légèreté vous envahit, puis vous vous détendez, avec la sensation que mains/bras/jambes ne «sont pas là»
- la sensation que vous ne faites plus qu'un avec la chaise sur laquelle vous êtes assis ; vous n'avez pas envie de bouger
- vous éprouvez une distorsion du temps : lorsque vous êtes sorti de l'hypnose, vous avez une difficulté considérable à évaluer le temps passé sous hypnose.

Lorsqu'ils sortent de l'hypnose, bien des gens ont l'impression d'avoir dormi, alors qu'ils savent qu'il n'en est rien. En d'autres termes, l'hypnose est un état très agréable, très relaxant, où la concentration est dirigée vers des images mentales – un peu comme une télévision interne ! En même temps, vous pouvez espérer vous sentir confortablement détaché du monde d'ici-bas. L'hypnose est en fait simplement un changement d'état de conscience, où les images intérieures viennent au premier plan, alors que la réalité quotidienne est reléguée au fin fond de votre esprit.

Les différentes utilisations de l'hypnose

Si vous interrogez des passants à propos de l'hypnose, quelques-uns répondront qu'ils ont vu un hypnotiseur à la télévision et diront soit que c'est très étonnant, soit que c'est du charlatanisme, tandis que d'autres connaissent des gens qui ont consulté un hypnothérapeute pour arrêter de fumer ou perdre du poids.

Mais l'hypnose ne se limite pas à proposer des suggestions à un sujet sur une scène pour amuser le public, et c'est plus qu'une recette pour arrêter de fumer. Nous allons maintenant considérer quelques applications de l'hypnose, à travers différentes thérapeutiques.

Dans chaque paragraphe, vous trouverez une brève définition de la technique utilisée, ainsi que la liste de ses différentes indications. Cette liste n'est qu'un guide général. Par exemple, vous trouverez «problèmes de poids» sous deux rubriques, celle de la thérapie par suggestion et celle de la thérapie analytique. La raison en est qu'un hypnothérapeute peut appartenir à une école qui soutient que tous les problèmes de poids doivent être traités par la suggestion, tandis qu'un autre considérera les suggestions comme insuffisantes et voudra répondre à la question : pourquoi le patient se suralimente-t-il ?

La thérapie par suggestion

La thérapie par suggestion s'applique surtout à :

- l'asthme
- l'énurésie
- l'accouchement
- le manque de confiance en soi
- la stimulation de la créativité
- le trac aux examens
- l'arrachage des cheveux
- l'amélioration des performances sportives
- l'insomnie
- la motivation

- le rongement des ongles
- le contrôle de la douleur
- les problèmes sexuels
- le tabagisme
- la diminution du stress
- les grincements de dents
- les ulcères gastriques
- les problèmes de poids

Comme son nom l'indique, dans la thérapie de suggestion le praticien fournit des suggestions à son patient pour l'aider à changer un comportement ou une réaction particulière. Sous hypnose, les suggestions sont plus facilement acceptées, parce que l'esprit critique est en partie suspendu. Imaginez que la conscience est le chien de garde de l'inconscient ; sous hypnose, le chien de garde se calme et s'assoupit, et le thérapeute en profite pour délivrer des suggestions positives que l'inconscient va emmagasiner.

Une fois que les «aliments» ont été livrés à l'inconscient, le patient peut laisser apparaître la réaction ou le comportement désirés une fois sorti de l'hypnose. Tout dépend de la qualité des suggestions et des rapports entre le thérapeute et le patient. Donner des suggestions, c'est un peu comme réenregistrer sur une vieille cassette : on remplace l'ancien message par un nouveau. Chaque fois que vous enclenchez la bande, vous entendez le nouveau message. Au lieu de penser : «J'ai besoin d'une cigarette, je suis tellement stressé !», vous pensez désormais : «Je me réjouis de me sentir si calme, avec de l'air frais dans mes poumons et cela me détend vraiment.» Au lieu d'être stressé quand vous êtes surchargé de travail, vous vous dites maintenant : «Je peux y arriver !» et vous restez calme, attaquant chaque tâche l'une après l'autre.

Le thérapeute peut vous proposer des suggestions avec des mots ou avec des images. En voici quelques exemples.

Pour arrêter de se ronger les ongles

• avec des mots

« Vous restez calme et détendu pour permettre à vos ongles de pousser jusqu'à une longueur idéale. »

• avec des images

« Imaginez que vous contemplez vos mains et que vous voyez vos ongles magnifiquement manucurés et à la longueur idéale. »

Pour cesser de fumer

• avec des mots

« Vous êtes non fumeur à partir de maintenant et c'est facile. »

• avec des images

« Imaginez que vous puissiez voir, à l'intérieur de votre corps, vos poumons tapissés de goudron. Moins vous fumez, plus vous voyez apparaître de taches roses. »

Pour perdre du poids

• avec des mots

« Vous constatez que votre appétit diminue chaque jour et que vous êtes repu avec beaucoup moins de nourriture qu'avant. »

• avec des images

« Imaginez-vous en train de vous contempler dans une grande psyché qui vous renvoie votre image idéalisée. »

La plupart des thérapeutes utilisent un mélange des deux techniques – images et mots – dans leurs suggestions. Les mots sont très utiles parce qu'ils peuvent agir comme des phrases-clés qui vous reviennent à l'esprit chaque fois que vous vous trouvez dans la situation qui pose problème. Vous pouvez vous répéter la phrase-clé («Je peux y arriver», «Je suis calme et détendu») consciemment, comme une affirmation positive, pour approfondir l'efficacité de la suggestion post-hypnotique.

Les images, d'un autre côté, ont l'avantage d'être à trois dimensions. Pour bien des gens, par exemple, le fait de se voir dans un miroir en pied, en ayant réussi à atteindre les mensurations souhaitées, déclenche des réactions beaucoup plus constructives que les mots «j'ai perdu du poids sans effort». Sous certains aspects, l'inconscient ressemble à un enfant de six ans : il adore les bandes dessinées. Aussi, si vous lui donnez des images en même temps que des mots, il agit avec beaucoup plus d'enthousiasme. Certains s'inquiètent de ne pouvoir former des images dans leur esprit et, par conséquent, de ne pas profiter pleinement de la thérapie. Ils ont l'impression de ne pas avoir d'imagination. Mais cela ne constitue pas une pierre d'achoppement en hypnose.

La visualisation : une technique efficace.

Visualiser signifie voir une image mentale, et tout le monde, tous les jours, visualise naturellement ! Quand un passant nous demande où se trouve telle rue, nous refaisons la route mentalement. En écoutant un ami nous raconter ses vacances, en lisant un roman, nous produisons automatiquement des images mentales. Vous avez sans doute déjà vu un film tiré d'un livre que vous veniez de lire et avez probablement été déçu, parce que les personnages du film ne ressemblaient pas à ceux que vous aviez imaginés en lisant le livre.

80 % des patients sont facilement hypnotisables.

Une image mentale, pour la plupart des gens, est beaucoup plus vague qu'une image réelle. Cela ressemble davantage à l'idée qu'on se fait de la chose qu'à cette chose précise. Tant que vous pourrez décrire sommairement ce que vous imaginez, vos capacités de visualisation seront bien suffisantes pour l'hypnose.

Mais que peut-on dire de la suggestibilité ? N'importe qui peut-il être hypnotisé et quelles caractéristiques font qu'une personne est un bon sujet ? Les chercheurs américains, canadiens, australiens et allemands sont arrivés aux mêmes conclusions. À peu près 10 % des gens sont très sensibles à l'hypnose, une autre tranche de 10 % est très difficile à hypnotiser, 80 % se situent entre les deux extrêmes et font des sujets acceptables.

On soutient à tort que seules les personnes qui n'ont pas de volonté et qui sont très influençables peuvent être hypnotisées. Il n'en est rien. Les bons sujets sont des personnes assez intelligentes, créatives et imaginatives, les enfants se situant parmi les meilleurs. Les gens très difficiles à hypnotiser sont très limités intellectuellement ou bien ont très peur de perdre le contrôle d'eux-mêmes, comme ceux qui ont des difficultés à s'amuser réellement.

Voici un questionnaire qui vous indiquera si vous faites partie des 90 % de personnes qui peuvent être hypnotisées. Répondez par oui ou par non à chaque question, en comptant 1 point pour chaque réponse positive :

1 ☐ Avez-vous déjà pratiqué ou pratiquez-vous naturellement la relaxation, comme le yoga ou la méditation, avec de bons résultats ?
2 ☐ Avez-vous des goûts ou des talents artistiques ?
3 ☐ Pouvez-vous vous impliquer dans une activité au point d'oublier la notion du temps ?
4 ☐ Vous arrive-t-il d'être vraiment perdu dans vos pensées ?
5 ☐ Au cinéma, vous arrive-t-il d'être dans le feu de l'action ?
6 ☐ Les souvenirs agréables créent-ils en vous des sensations agréables ?
7 ☐ Les souvenirs désagréables vous mettent-ils mal à l'aise ?
8 ☐ Avez-vous une imagination fertile ?
9 ☐ Exprimez-vous facilement vos sentiments ?
10 ☐ Y a-t-il des personnes en qui vous avez pleinement confiance ?

☐ Résultats

De 0 à 2 points : vous n'êtes pas facile à hypnotiser.

De 3 à 8 points : vous faites partie des 80 % de personnes aptes à être hypnotisées.

De 9 à 10 points : vous êtes le rêve de l'hypnothérapeute !

La suggestion thérapeutique est un outil efficace dans beaucoup de situations – mauvaises habitudes, faible rendement de travail – et, à condition que le patient soit raisonnablement suggestible (nul besoin d'être un «rêve» d'hypnothérapeute), une à trois séances peuvent résoudre un problème. Dans ce contexte, il importe peu que vous croyiez ou non que l'hypnose vous soulagera. Beaucoup de fumeurs invétérés – qui fumaient entre soixante et cent cigarettes par jour – doutaient vraiment de pouvoir renoncer à leur habitude après trente ans de tabagisme ininterrompu. En essayant, en dernier ressort, l'hypnose, en dépit de leur scepticisme, ils ont pu s'arrêter de fumer...

Dans certaines circonstances, cependant, les suggestions ne servent à rien. Parfois, une habitude masque une difficulté profondément enfouie. Un patient peut venir pour un traitement contre l'obésité, alors que le problème réel est l'angoisse. Un autre, qui exerce une profession créatrice et se heurte à un blocage, peut ne pas répondre à des suggestions positives parce que son blocage vient d'une accumulation de traumatismes : un incident récent a réactivé des sentiments négatifs relatifs aux traumatismes passés. Dans ce cas, une hypnose analytique est nécessaire pour découvrir la cause enfouie et, par là même, faire disparaître les symptômes (voir page 41).

Grâce à l'hypnose, vous pouvez arrêter de fumer.

L'échec des suggestions peut être dû au fait que le patient tire un certain bénéfice de son problème. Une femme vient se faire soigner pour des migraines, sans résultat. Un examen approfondi révèle que sa famille ne la prend en considération que lorsqu'elle est malade. Aussi s'accroche-t-elle à ses symptômes pour s'assurer des attentions de sa famille, ce qu'elle ne pourrait obtenir autrement. Dans un tel cas, il faut évidemment aider la patiente à reprendre assez de confiance en elle-même pour qu'elle puisse demander à sa famille un comportement plus constructif.

Une autre raison empêche parfois les suggestions de s'enraciner dans l'inconscient : l'antipathie ou le manque de confiance envers l'hypnothérapeute. Si vous vous sentez mal à l'aise avec lui, vous serez moins détendu, moins disposé à suivre ses suggestions. De même, si les suggestions heurtent vos croyances ou n'ont pas de signification pour vous, vous les rejetterez, tout simplement. C'est pourquoi il importe que le thérapeute vous demande avec précision la nature de votre problème, afin que les suggestions soient taillées sur mesure à votre cas personnel. Rappelez-vous que vous ne pouvez pas être hypnotisé contre votre volonté et que vous ne devez pas accepter des suggestions qui vous sont désagréables.

La thérapie de désensibilisation

La thérapie de désensibilisation présente peu de différences avec la suggestion en général. Il y en a quand même et cela mérite une place à part.

La désensibilisation signifie l'approche très progressive d'une situation ou d'un objet qui fait peur, jusqu'à ce que cette situation ou cet objet ne crée plus d'angoisse chez le sujet. Chaque étape est d'abord effectuée mentalement sous hypnose, ensuite, quand le patient se sent à l'aise avec le procédé mental, il est encouragé à l'essayer dans la réalité.

La peur et les phobies sont le principal domaine d'application de la thérapie de désensibilisation.

Voici quelques peurs (parmi une multitude d'autres) qu'elle peut vaincre :

- les animaux ou insectes (araignées, souris, serpents, vers, chats, chiens, oiseaux, etc.)
- la solitude
- le fait de traverser un pont
- la foule
- l'obscurité
- le fait de manger en public
- les espaces clos (ascenseur, métro, avion)
- les hauteurs
- la maladie
- l'eau.

Dans ces cas-là, pour désensibiliser, on emploie à la fois l'hypnose sous la direction d'un praticien et l'autohypnose. Une phobie se distingue de la peur ordinaire par trois facteurs :

a) elle persiste sur une longue période ;

b) la peur est évidemment déraisonnable, mais le malade ne peut arrêter de lui-même ce sentiment d'effroi ;

c) le malade essaie d'éviter l'objet ou la situation qui fait peur.

Toutes les peurs et phobies n'exigent pas pour autant une désensibilisation. Lorsque la peur n'est pas trop forte ou n'est pas installée depuis longtemps, l'hypnothérapeute peut intervenir. Certains commencent toujours par la suggestion, quelle que soit la gravité de la peur, pour ensuite procéder à une désensibilisation partielle ou à une hypnose analytique, si la peur a résisté au traitement par suggestion.

Dans la pratique de la désensibilisation, le thérapeute, avant toute chose, s'assure que vous pouvez obtenir une bonne relaxation physique sous hypnose : cela prend une séance ou deux. Comme les peurs et les phobies sont souvent induites par le stress, le seul fait de pouvoir rester calme et détendu peut déjà les réduire. Il faut ensuite découvrir les étapes qui doivent vous conduire au point où vous pourrez affronter sans peur la situation ou l'objet qui vous occupe. Prenons l'exemple de l'ascenseur : votre peur est si grande que vous l'avez évité toute l'année passée. Votre but, bien entendu, est d'y entrer, de rester calme et détendu, quel que soit le nombre d'étages à monter ou à descendre.

Votre thérapeute va segmenter le processus de la façon suivante :

- se tenir près de la porte de l'ascenseur, en observant son ouverture et sa fermeture pendant que les gens entrent et sortent ; rester calme et détendu tout le temps de cette observation ;
- presser le bouton de commande et observer les portes s'ouvrir et se fermer, tout en restant à l'extérieur ;
- appeler l'ascenseur en pressant le bouton, entrer à l'intérieur de la cabine, y rester un moment avec le

doigt sur le bouton d'ouverture de la porte ; sortir de l'ascenseur ;
- appeler l'ascenseur, rester à l'intérieur, laisser la porte se fermer, monter ou descendre un étage.

Dès que le thérapeute vous a amené à un état agréable de détente hypnotique, il va vous décrire la première expérience – rester à côté de la porte, observer les gens qui entrent et sortent. Il doit convenir avec vous d'un signe de votre part (comme lever le doigt) si vous vous sentez mal à l'aise. Si le fait se produit, il doit revenir en arrière. Si vous vous sentez bien avec la première expérience, il vous demandera de la vivre dans la réalité.

Si le patient ne peut même pas penser, sans se sentir nerveux, à la situation ou l'objet qui provoque sa phobie, le thérapeute peut lui demander de projeter dans son esprit cet objet, de façon à prendre un peu de recul et à retrouver son calme.

Certaines personnes sont tellement effrayées, par exemple, par les serpents ou les vers, qu'elles ne peuvent même pas regarder une photo de ces créatures sans se sentir bouleversées. Le thérapeute peut alors leur suggérer d'imaginer le serpent ou le ver comme un personnage de bande dessinée coiffé d'un chapeau ridicule avec des lunettes assorties.

En supplément du travail accompli au cours des séances, le thérapeute peut donner à ses patients une cassette d'autohypnose : c'est le «devoir à faire à la maison» pour la durée du traitement.

Cette cassette aide les patients à maintenir un bas niveau de stress, en les rendant plus calmes, plus maîtres d'eux-mêmes, moins inquiets.

En résumé
Dans la thérapie de désensibilisation, il est capital de partir de l'étape la plus simple pour permettre au patient de rester calme pendant l'hypnose. Ce n'est que lentement, ensuite, que le thérapeute renforcera la confiance en soi du patient, palier par palier, jusqu'au but, c'est-à-dire jusqu'à affronter réellement la situation ou l'objet qui fait peur.

L'hypnose analytique

Cette forme d'hypnose s'appelle aussi hypno-analyse. Son but est de découvrir la raison profonde d'un symptôme apparent et, en travaillant sur cette cause, de faire disparaître le symptôme.

En voici les principaux domaines d'application :

- comportement de dépendance
- angoisse
- asthme
- dépression
- problèmes d'alimentation (suralimentation, anorexie, boulimie)
- eczéma
- manque de confiance en soi
- manque de maîtrise de soi
- obsessions et compulsions
- crises de panique
- phobies

- psoriasis
- problèmes sexuels
- problèmes de poids.

Voyons un exemple illustrant l'action de l'hypnose analytique

Anna, 24 ans, a souffert toute sa vie, autant qu'elle s'en souvienne, d'une très faible estime d'elle-même. Elle se rabaisse chaque fois qu'elle est en groupe et s'attend à échouer dans tout ce qu'elle entreprend. Elle décide de se faire soigner le jour où elle se rend compte qu'elle a découragé brutalement un gentil garçon qui lui manifestait de l'intérêt, tout simplement parce qu'elle n'arrivait pas à croire qu'elle le méritait. Comment a-t-elle pu agir ainsi ?

Elle décide alors de résoudre ce problème et de me consulter. Au cours des séances d'hypnose, je poussai Anna à examiner ses sentiments d'infériorité et à remonter dans le temps pour en trouver l'origine. Elle se rappela qu'au collège, elle s'était sentie impuissante et ridicule, car elle était en butte à un professeur qui se plaisait à l'humilier devant toute la classe. Mais ce n'était pas la première fois qu'on faisait comprendre à Anna qu'elle ne présentait aucun intérêt. Remontant encore plus loin, elle se rappelait l'attitude de son père, très critique à son sujet, ne la félicitant jamais quand elle réussissait quelque chose. Son frère, en revanche, était considéré comme ayant toutes les qualités. Quant à sa mère, femme tranquille et effacée, elle n'était d'aucun secours, restait en dehors de ces problèmes et ne défendait jamais sa fille contre son père.

Durant les séances, j'aidais Anna à gérer les souvenirs qu'elle gardait de son professeur, de son père, de sa mère, pour pou-

voir épancher toutes ses émotions refoulées – désespoir, accablement et colère – et les rattacher aux souvenirs dont elles étaient issues. Anna comprit alors qu'elle n'était vraiment pas une bonne à rien, mais que les autres l'avaient traitée comme telle. Elle était désormais capable de revenir sur les critiques de son père et de ne considérer son jugement que comme une simple opinion qu'elle, Anna, ne partageait plus. Elle acquit une confiance considérable en elle, alors même qu'elle était encore en traitement, réussissant, au bout de dix séances, à retrouver confiance et joie de vivre. Elle trouva un nouveau travail, mieux payé et, par-dessus le marché, un gentil mari qu'elle avait l'impression, cette fois, de mériter.

Anna n'avait personne vers qui se tourner.

Avec Anna, j'ai employé une technique appelée «régression». Elle demande au patient de mémoriser un sentiment au moment même où il l'éprouve, puis d'en retrouver l'origine dans le passé. Cela remonte souvent loin dans l'enfance. Nous sommes particulièrement réceptifs, enfants, à ce que nous disent les adultes ou à ce qu'ils disent à notre propos. Si nous nous heurtons trop souvent à des réactions négatives, l'image que nous avons de nous-mêmes en est affectée. Un schéma s'établit dans notre esprit et reste inscrit à l'âge adulte. Dans le cas d'Anna, le comportement des parents et du professeur lui avait appris qu'elle était inintéressante, et

Enfants, nous sommes très réceptifs au jugement des autres.

que, même en cas de besoin, elle ne recevrait pas d'aide. Anna vécut ainsi en conséquence : avant même qu'on puisse découvrir sa «nullité», elle prenait les devants et s'avouait nulle. Si on était gentil avec elle, elle pensait qu'on mentait ou qu'on était trop stupide pour s'apercevoir de son insuffisance. Sa brusquerie était donc naturelle.

L'hypnose analytique étant centrée autour des souvenirs, le patient doit parler sous hypnose. La concentration et la mémoire étant alors meilleures, les événements passés sont plus faciles d'accès. L'aisance avec laquelle certains se souviennent dans le détail d'incidents de leur petite enfance est très étonnante : par exemple, ils se rappellent le dessin du papier peint de leur chambre de bébé ! Il n'est pas donné à tout le monde d'avoir des souvenirs aussi précis, mais cela n'a, heureusement, aucune importance, parce que tout un chacun a accès, directement ou indirectement, à quelques souvenirs significatifs.

Parfois, certains souvenirs sont effacés parce que l'événement initial est tellement traumatisant que la seule façon de garder une personnalité intacte est d'enfouir le souvenir au plus profond. Ce refoulement peut arriver au témoin d'un accident tragique ou à la victime d'un abus sexuel. Il n'est pas automatique mais, si cela se produit, l'hypnose peut aider à ramener le traumatisme initial à la surface afin de le traiter et de l'éliminer. Aussi longtemps qu'un événement traumatisant reste enfoui, il agit sur vous, provoquant des symptômes comme la dépression, la haine de soi et l'angoisse.

Certains souvenirs sont profondément enfouis.

Il faut dire que peu de patients en hypnose ont des souvenirs refoulés aussi profondément. La plupart ont à l'esprit bien des faits passés, sans se douter qu'ils pèsent encore lourdement sur eux.

Voici des exemples d'événements passés qui forment l'arrière-fond des problèmes du présent :

- l'un ou les deux parents vous ont critiqué à l'excès
- l'un ou les deux parents vous ont ignoré
- vous avez été brutalisé en classe par vos condisciples ou votre professeur
- vous avez connu des «chouchous» à l'école
- vous vous êtes senti «différent», enfant, parce que :

– vous étiez orphelin de père ou de mère
– vous veniez d'une classe sociale différente (plus riche ou plus pauvre)
– vous aviez un handicap physique

- vous avez subi des sévices ou du chantage de la part de gens dont vous dépendiez
- vous vous êtes longtemps senti coupable d'une faute que vous n'avez commise qu'une fois
- vous avez été impliqué dans une histoire très embarrassante
- vous avez subi des abus physiques et/ou sexuels.

Le fait d'éprouver une nouvelle fois, sous hypnose, un choc psychologique passé libère des émotions refoulées et permet au patient de se dégager du passé.

Quelquefois, ce processus – connu sous le nom d'abréaction – peut se traduire par une crise de larmes, d'autres fois ce peut être une manifestation très paisible où le patient comprend soudain que ce qui est arrivé dans le passé n'était pas sa faute, et cette constatation s'accompagne d'un immense sentiment de soulagement.

L'hypnose est un outil d'une valeur incalculable pour favoriser le rappel des souvenirs, mais ce n'est pas un sérum de vérité qui vous fera dire des choses dont vous ne voulez pas parler. Il est parfaitement possible à un patient sous hypnose d'éluder des informations. Si un souvenir embarrassant surgit, il peut avoir des réticences à en parler et décider de le taire. À la première consultation, le thérapeute signale à son patient qu'une telle situation peut se présenter et essaie de l'encourager à surmonter cette résistance. Toute résistance est le signe qu'un événement passé constitue un problème non résolu.

Il y a deux manières différentes de ressentir le phénomène de rappel sous hypnose. Les patients qui font partie des 10 % les plus suggestibles (voir page 34) éprouvent le sentiment d'être «dans» le souvenir. Ils retournent à l'âge de cinq ans, commencent à parler avec une voix d'enfant et un vocabulaire très simple... La plupart des gens, cependant, ne régressent qu'en partie, ce qui signifie que, bien qu'ils soient en train de rappeler des événements passés, ils sont conscients qu'ils ne parlent que d'un souvenir. En d'autres termes, ils pensent sur deux niveaux : ils se souviennent, certes, mais ils sont toujours dans le présent. Qu'on régresse totalement ou en partie, les bons résultats en hypnose analytique sont là. Heureusement, le résultat positif d'une hypnose ne dépend pas du degré de profondeur de l'hypnose.

L'autohypnose

Dans l'autohypnose, vous devenez votre propre thérapeute. Vous utilisez l'énergie de votre inconscient pour modifier un comportement particulier.

Les principales applications de l'autohypnose sont les suivantes :

- accélération de l'apprentissage
- accélération de la convalescence
- renforcement de la confiance en soi
- accroissement de la créativité
- trac aux examens
- arrachage de cheveux
- amélioration des performances
- rongement des ongles
- maîtrise de la douleur
- démangeaisons
- insomnie
- maux de tête
- problèmes de poids.

L'autohypnose est idéale pour vous aider à surmonter ces problèmes. Cette thérapie a l'avantage supplémentaire d'être agréable et non toxique.

Pour résoudre les problèmes qu'on vient d'énumérer, à condition qu'il n'y ait pas de cause psychologique sérieuse cachée, vous pouvez apprendre à pratiquer l'autohypnose et emmagasiner des suggestions positives dans votre inconscient.

Pour cela, il vous faudra apprendre quelques techniques et vous attacher à quelques règles simples.

Se fixer un but

Précisez ce que vous désirez. Sans but clairement défini, vous aurez du mal à choisir de bonnes images et suggestions.

– Si vous voulez perdre du poids, combien de kilos voulez-vous perdre ?

– Si vous voulez vous arrêter de fumer, combien de cigarettes voulez-vous supprimer ?

– Si vous voulez être plus hardi, quelle situation voulez-vous traiter d'abord ?

Fixez-vous un but et n'en attaquez qu'un à la fois. Vous voulez améliorer votre jeu au tennis, perdre six kilos et acquérir une meilleure mémoire ? N'attaquez pas ces trois objectifs de front, mais un seul pour commencer. Réservez les autres pour plus tard.

Écrire un scénario

La prochaine étape consiste à écrire noir sur blanc quelques suggestions qui vous aideront à atteindre votre but. En voici des exemples.

Rester calme lors de l'examen du permis de conduire

Votre but est de passer l'examen du permis de conduire en restant calme et détendu.

«Je suis calme et détendu, ma respiration est régulière, je suis bien préparé car j'ai très bien conduit pendant les leçons. Tout va bien. Je suis prêt et me sens à l'aise pour montrer à l'examinateur mon habileté. Je suis calme et concentré en

montant dans la voiture. Tout se passe aisément, sans à-coups. Je suis calme et concentré, tout va bien. Je me rappelle facilement toutes les règles du code de la route et, sans effort, je conduis très bien. Je respire facilement, mes mouvements sont liés, je suis sûr de moi, j'ai l'esprit libre. L'examinateur et mon moniteur me féliciteront tout à l'heure de mon succès.»

Perdre du poids

Votre but est de perdre trois kilos.

«Je suis prêt maintenant à perdre mes kilos superflus. Je n'en veux plus. Cet excès de poids va partir facilement, sans effort. Je mange moins. C'est comme si mon estomac avait rapetissé et ne pouvait plus contenir autant de nourriture qu'avant. Je me sens plus léger et plus libre chaque jour qui passe, perdant un à un les kilos superflus. C'est tellement facile ! Je n'ai qu'à prendre de petites parts d'une bonne nourriture et me voilà satisfait, vraiment satisfait. Je peux déjà me regarder en pied dans une glace avec ce pantalon, cette jupe, cette robe (choisissez un vêtement dans lequel vous ne pouviez plus entrer), qui me va parfaitement. Ah, comme je suis bien, comme je me sens bien, léger et libre !»

Prendre de l'assurance

Votre but est d'acquérir plus d'assurance dans les réunions de travail.

«Je vais à la réunion. Je suis calme et détendu. D'ailleurs, je connais à peu près tout le monde et cela me met à l'aise. J'échange quelques mots avec mon voisin en m'installant confortablement. Je suis calme et concentré en écoutant attentivement les participants. Je m'implique dans les questions soulevées. Ce que j'ai à dire est utile et important et je l'ai bien préparé. Je me sens à l'aise, ma respiration est régulière,

et mes mouvements sont libres et souples. Je parle clairement et les autres m'écoutent attentivement. Je suis totalement dans la réunion, sans effort aucun. J'apporte naturellement ma contribution à cette réunion et ce de façon professionnelle. À la fin de la réunion, je me sens heureux d'avoir fait aussi bien.»

Vous avez remarqué que ces trois exemples ont des traits communs. Voici les règles que vous devez observer lorsque vous écrivez votre scénario.

Utilisez le mode affirmatif

L'inconscient a tendance à prendre les suggestions à la lettre, aussi faites en sorte d'éviter les phrases négatives.

Ne dites pas : «Je n'aurai pas peur»,

dites : «Je suis confiant.»

Ne dites pas : «Je ne veux plus être stressé»,

dites : «Je suis calme et détendu.»

Ne dites pas : «Je ne dois pas trop manger»,

dites : «Je mange de petites portions.»

Dites ce que vous désirez et non ce que vous ne voulez pas.

Utilisez le présent

Si vous formulez une suggestion en utilisant le futur, votre inconscient attendra que cet événement positif survienne, plutôt que de la mettre en œuvre immédiatement. Il faut donc utiliser le présent autant que possible.

Ne dites pas : «Je serai plus confiant»,

dites : «Je deviens plus confiant à mesure que les jours passent.»

Ne dites pas : «Je parlerai avec aisance à la conférence»,

dites : «Je suis calme et détendu et je parle avec aisance.»

Cependant, certaines phrases ne se construisent qu'au futur. Si vous êtes insomniaque, la suggestion «tout ira très bien» est très utile. Elle a un effet lénifiant et c'est une manière simple et enfantine de vous rendre assurance et sensation de détente.

Répétez les suggestions

Lorsque vous bâtissez votre scénario, répétez la même chose en employant des mots différents pour en renforcer l'intérêt. En voici quelques exemples :

«Je suis calme et détendu. Je me sens à l'aise et une sensation délicieuse de tranquillité envahit mon corps et mon esprit. Je savoure ce sentiment intérieur de calme et de sérénité.»

«Je tombe de sommeil. Je m'enfonce très profondément dans le sommeil et mes pensées divaguent doucement. Mon corps se détend et mon esprit marche au ralenti.»

Si vous n'arrivez pas à répéter une phrase en utilisant des mots différents, ce n'est pas grave. L'essentiel est de répéter les suggestions.

Évoquez des émotions positives

Plus votre scénario évoquera des émotions positives, plus votre inconscient convertira aisément vos suggestions en actions. Soyez généreux, en utilisant des mots comme «merveilleux», «profond», «parfait» ou «excellent». Par exemple, «je me sens merveilleusement détendu» est plus efficace que «je me sens détendu», «je suis parfaitement à l'aise» est mieux que «je suis à l'aise».

Perfectionnez votre scénario

Ne soyez pas tiède dans votre scénario. N'y incorporez pas de défauts pour le rendre plus réaliste. Un scénario ne traite pas de la réalité, il est fait pour susciter des espoirs positifs et, par là, créer un état d'esprit détendu mais concentré. Quand vous êtes détendu, vous êtes bien plus efficace pour éliminer un problème qui pourrait surgir. Assurez-vous que votre scénario favorise votre équilibre et votre confiance en vous. Le reste suivra tout naturellement.

Préparez-vous bien

Le meilleur scénario contre le trac à un examen ne sert absolument à rien si vous ne vous êtes pas préparé à cet examen. Aucun scénario au monde ne vous aidera à réussir un test, perdre du poids ou atteindre n'importe quel but, si vous n'avez pas d'abord préparé le terrain.

Utilisez des images

Chaque fois que c'est possible, inscrivez une image dans votre scénario. Vous avez peut-être remarqué que, dans les exemples pour perdre du poids ou pour passer le permis de conduire, les images étaient employées pour donner au scénario plus d'intensité et le faire apparaître plus en relief («Je peux déjà me voir en pied dans un miroir», «Je suis calme et concentré en montant dans l'auto pour passer le permis»).

Maintenant que vous savez comment rédiger un scénario, vous devez apprendre à entrer et à sortir de l'état d'hypnose. Voici un exercice facile pour commencer. Lisez jusqu'au bout les trois paragraphes suivants avant d'en faire l'essai.

Énumération des étapes

• Mettez-vous à l'aise, assis ou allongé. Desserrez tout vêtement gênant.

• Fermez les yeux. Restez tranquille un moment jusqu'à prendre conscience de votre position assise ou couchée. Prenez conscience de la position de votre tête, de vos épaules, de vos bras, de vos mains, de votre dos, de vos jambes et de vos pieds. Ne bougez pas : pensez seulement aux différentes parties de votre corps.

• Commencez par contracter vos pieds. Maintenez la tension, sentez-la, ensuite, lentement, relâchez-la. Pendant que vous faites cet exercice, imaginez à quoi ressemblent vos pieds quand ils se contractent et quand ils se relâchent.

• Continuez la contraction et le relâchement comme suit : muscles des mollets, des cuisses, du ventre, de la poitrine, des mains et des bras ensemble, des épaules, de la mâchoire, du front.

Cette méthode inductive favorise la détente physique et la concentration mentale, de telle sorte que vous êtes déjà sous hypnose très légère et réceptif aux suggestions. Passons maintenant à l'étape suivante et rendons l'état d'hypnose un peu plus profond.

Compter à rebours

Comptez mentalement à rebours de 10 à 0. En même temps, imaginez que vous descendez les marches d'un magnifique escalier.

À chaque degré descendu, vous entrez plus profondément en hypnose, devenant de plus en plus détendu. En bas des marches, vous trouvez une porte qui donne sur une salle superbe.

En touchant de la main la poignée de la porte, vous êtes encore plus détendu. Vous entrez dans la salle, vous vous asseyez confortablement dans le fauteuil profond qui s'y trouve : là, vous vous sentez parfaitement relaxé. Imaginez que cette salle est le centre de votre esprit, où règnent toujours paix et harmonie, où tout se révèle possible.

Compter à l'endroit

Chaque fois que vous voulez sortir de l'hypnose, quittez la salle et remontez l'escalier en comptant mentalement de 1 à 10. En atteignant le palier sur le chiffre 10, ouvrez les yeux et pensez : «Je suis pleinement éveillé.»

Pratiquez cette méthode inductive fractionnée, compter à rebours puis à l'endroit, de temps en temps. Ensuite, pensez à votre scénario lorsque vous avez terminé votre compte à rebours et que vous êtes confortablement installé dans votre fauteuil au milieu de la superbe salle. La manière la plus facile de le faire est de tout enregistrer. Vous l'écouterez avec un simple baladeur. Si vous n'avez pas de magnétophone, mémorisez quelques phrases-clés de votre scénario, assorties de l'image positive représentant la réussite de votre but, et utilisez-les après le compte à rebours.

ATTENTION : si vous enregistrez, n'écoutez jamais cet enregistrement quand vous êtes au volant ou quand vous travaillez sur une machine. Comme l'autohypnose est extrêmement relaxante, un accident est bien vite arrivé !

Quand vous pratiquez l'autohypnose, vous n'avez pas besoin d'être en transe profonde pour obtenir des résultats. Même si vous n'êtes que peu détendu et concentré, vous pourrez quand même améliorer votre champ d'élection, pourvu que vous utilisiez régulièrement votre scénario (au moins une fois par jour pendant trois semaines). Rappelez-vous que votre inconscient a été accoutumé à réagir d'une façon particulière pendant bien des années : pour le «reprogrammer», il faut donc persister dans un effort répété.

Si vous vous sentez incapable de mettre tout cela en pratique, adressez-vous à un thérapeute pour quelques séances de suggestions.

Les expériences d'hypnose en public

Même si ces expériences ne sont pas pratiquées dans un contexte thérapeutique, il est tout de même intéressant d'en parler, parce que bien des mythes et des malentendus proviennent de représentations, sur scène ou à la télévision, pas toujours très orthodoxes. Les spectateurs ne savent pas s'ils sont témoins d'une supercherie, avec des sujets prétendant être sous hypnose, ou si l'hypnotiseur a des pouvoirs supranormaux qu'il utilise pour soumettre les gens.

Quelques critiques disent que tout ce que vous pouvez faire sous hypnose, vous pouvez aussi le faire sans hypnose. Ils soutiennent que n'importe qui peut chanter comme Elvis Presley ou prétendre être aussi raide qu'une planche soutenue entre deux tréteaux. Cela est peut-être vrai, sur scène, pour quelques sujets aux ordres d'un hypnotiseur. Mais ce n'est pas tout. Par exemple, éplucher un oignon sans pleurer ? Vous le pouvez sous hypnose, pas dans un état normal. Lors de soins dentaires, ce n'est que sous hypnose qu'un hémophile ne saignera pas.

Nous avons déjà dit précédemment qu'il n'y a rien de mystérieux dans l'hypnose et que la plupart des gens peuvent au moins entrer en transe légère. Mais ces gens-là ne sont pas les sujets que désire un hypnotiseur pour son spectacle, il veut les 10 % de personnes hautement suggestibles. Ces numéros d'hypnose se déroulent dans des music-halls ou des réunions où sont rassemblés beaucoup de gens. Plus il y en a, plus il y a de chances de trouver des sujets faciles à hypnotiser.

Sur scène, l'hypnotiseur commence le plus souvent par un exposé général sur l'hypnose. Déjà, il émet quelques suggestions voilées, mettant l'accent sur des mots comme «détente», «agréable», les répétant à loisir, toujours d'une façon très discrète. Les bons sujets pour l'hypnose se sentent un peu plus détendus et commencent à se carrer confortablement dans leur fauteuil... L'hypnotiseur annonce qu'il va effectuer une expérience : il demande aux spectateurs de croiser les mains devant eux en entrelaçant les doigts, puis leur suggère : «Vos doigts sont collés et, quoi que vous fassiez, vous ne pouvez les séparer.» À ce moment précis, plus de la moitié de l'assistance pense : «Bien sûr que je le peux !» et la plupart des gens sépareront aisément leurs mains, tandis qu'un bon tiers, moins assurés d'y parvenir, essayeront et réussiront à dégager leurs doigts. Les autres restent assis, ne pouvant tout simplement pas séparer leurs mains. L'hypnotiseur, alors, annonce que maintenant chacun peut séparer ses mains, au grand soulagement de ces derniers.

Un spectacle d'hypnose est magique.

Ceux qui ont réagi positivement à l'expérience sont invités à monter sur scène. Là, l'hypnotiseur peut «préparer» ces sujets très influençables en les mettant sous hypnose et en leur ordonnant une suggestion post-hypnotique – par exemple, chaque fois qu'il claquera des doigts, ils entreront dans un profond sommeil hypnotique. Il peut continuer à leur suggérer toutes sortes de comportements particuliers ou amusants : ils obéiront. Toutefois, souvenez-vous que s'il essayait la même chose sur n'importe qui d'autre dans l'assistance, il ne réussirait pas.

À la télévision, vous ne savez pas qu'il y a eu une sélection initiale, c'est pourquoi vous croyez être en présence de pouvoirs surnaturels. Tout ce que vous voyez, c'est un hypnotiseur claquant dans ses doigts et des hypnotisés lui obéissant tout de suite. Pas étonnant que tant

Le pouvoir de l'hypnotiseur semble surnaturel.

de gens soient effrayés à l'idée d'aller chez un hypnothérapeute !

Dans les séances publiques d'hypnose, le problème est que l'hypnotiseur ignore tout des gens qu'il a devant lui. Il sait seulement qu'ils sont hautement influençables. Il ne sait pas s'ils ont des problèmes psychologiques sérieux, susceptibles de s'aggraver si on leur demande de remonter jusque dans l'enfance. L'hypnotiseur ignore aussi s'ils ont un problème d'ordre médical qui leur interdit d'effectuer tel ou tel exercice pénible ou difficile.

Il devrait être fait obligation aux hypnotiseurs de spectacle d'être de véritables hypnothérapeutes, ayant choisi de monter sur scène, capables de faire face à toute réaction inopinée d'un sujet.

Précautions et contre-indications

Il existe très peu de circonstances où l'on doit éviter l'hypnose.

En cas d'épilepsie, l'hypnose est contre-indiquée car elle pourrait provoquer une crise.

Un autre domaine où l'hypnose n'est d'aucun secours est celui des psychoses. La différence essentielle entre une psychose et une névrose est que les névrosés peuvent reconnaître que leurs craintes sont irrationnelles ou exagérées. Les psychotiques, eux, sont convaincus du bien-fondé de leurs craintes et que ce sont les autres qui ne se rendent pas compte des dangers bien réels.

Ce qui revient à dire que l'hypnothérapeute est impuissant devant qui souffre d'illusions, d'hallucinations et de toute forme de schizophrénie.

Les réponses

Tout le monde peut-il être hypnotisé ?
Presque tout le monde, sauf les gens ivres et ceux dont le QI est très en dessous de la moyenne.

Mon esprit peut-il être influencé ?
Non. Si le thérapeute vous suggère quelque chose qui va à l'encontre de vos croyances morales, vous ne suivrez tout simplement pas la suggestion.

Changerai-je de personnalité ?
Non. Le but de l'hypnose est de vous améliorer. Cela veut dire que vous changerez en abandonnant les habitudes et les émotions dont vous ne voulez plus, dont vous n'avez plus besoin. En conséquence, vous deviendrez une personne plus forte et plus heureuse. L'hypnose ne peut pas introduire en vous quelque chose qui n'y était pas. Elle vous aide à récupérer de bonnes et solides qualités que vous ne saviez même pas posséder.

Me souviendrai-je de ce qui s'est passé pendant les séances ?
Quatre-vingt-dix-neuf personnes sur cent se souviennent parfaitement de tout ce qu'elles-mêmes et le thé-

à vos questions

rapeute ont dit pendant les séances. Certaines, parfois, n'en gardent pas souvenir. Il suffit alors que le thérapeute leur rappelle un ou deux détails pour qu'elles se remémorent toute la séance. Il est possible aussi au thérapeute de faire une post-suggestion au patient pour qu'il oublie ce qui a été dit, mais cela se fait rarement dans un contexte thérapeutique.

Le thérapeute aura-t-il besoin de me toucher ?
Certains vous poseront une main sur l'épaule ou sur le bras, d'autres vous soulèveront la main ou vous feront tourner légèrement la tête pour s'assurer d'une relaxation parfaite. Il y a aussi des thérapeutes qui vous posent un doigt sur le front pour induire l'hypnose. À part cette forme de contact, un thérapeute n'a pas à vous toucher. La grande majorité des thérapeutes respectent leur éthique et les transgressions sont rares. Mais si vous êtes victime de contacts physiques non désirés, vous pouvez vous plaindre auprès de l'association professionnelle dont relève votre thérapeute.

3 Comment l'hypnose peut soigner

Beaucoup de gens croient qu'ils doivent vivre avec leur déprime, leur anxiété ou leurs crises de panique. Heureusement, il n'en est rien. Il existe un grand nombre de problèmes et de symptômes que l'hypnose peut traiter efficacement et relativement rapidement, du moment que vous consultez un hypnothérapeute qualifié et expérimenté.

Il n'existe pas de symptôme sans cause. Si vous vous sentez angoissé ou si vous manquez d'assurance, il y a une raison, même si vous ne la connaissez pas. Un symptôme est toujours un signal d'alarme qui vous dit que quelque chose ne va pas. Une douleur physique vous oblige à vous occuper tout de suite de ce qui vous arrive. La détresse psychologique est un signe, elle vous avertit que quelque chose ne va pas du point de vue émotionnel. Comme une douleur physique peut être éliminée par des analgésiques, un chagrin peut être anesthésié par des tranquillisants. Cependant, prendre des cachets ne peut jamais être une solution permanente. Les antidépresseurs, les bêta-bloquants ne sont envisageables que pour une courte période, mais si le problème n'est pas résolu au bout de six mois, il faut en examiner la cause profonde. Prendre des cachets qui suppriment les effets d'un symptôme sans en supprimer la cause revient à poser du papier peint sur un mur fissuré ! Beaucoup de problèmes s'évanouissent d'eux-mêmes et beaucoup peuvent être surmontés en appliquant soi-même des recettes de bon sens. Si, cependant, les difficultés persistent, nous vous conseillons de consulter un professionnel.

Si un problème est induit par un stress, l'hypnose peut favoriser la réduction de ce stress et, par conséquent, en éliminer les symptômes. Pour vaincre des habitudes comme le tabagisme, l'enracinement de suggestions positives dans l'inconscient est suffisant dans la plupart des cas. Dans des problèmes plus complexes, comme l'angoisse et la dépression, une approche plus fine est nécessaire pour révéler la cause profonde et en venir à bout.

Les mauvaises habitudes et autres dépendances

Certaines habitudes peuvent être très tenaces. Les plus communes, celles pour lesquelles on consulte un hypnothérapeute, sont les suivantes :

- fumer
- se ronger les ongles
- s'arracher les cheveux
- se gratter la peau
- sucer son pouce
- grincer des dents.

Exactement comme nous changeons de vitesse automatiquement quand nous conduisons, nous pouvons, sans y penser, allumer une cigarette ou nous arracher les cheveux. Quelquefois, ce n'est qu'à la fin de la journée que nous constatons que le paquet est vide. Nous avons fumé en étant à peine conscients de nos gestes.

Vous savez que vous avez acquis une habitude que vous ne pouvez pas arrêter de vous-même. C'est comme si vous étiez divisé en deux : une part de vous-même connaît toutes les raisons logiques de mettre fin à cette habitude, mais l'autre part ne veut rien en entendre et persiste. Il s'ensuit un flot intérieur de récriminations en constatant une volonté aussi faible, flot qui provoque un stress qui produit lui-même... une nouvelle envie de fumer ! C'est un cercle vicieux.

Difficile de rompre avec certaines habitudes.

Pour aider un patient à perdre une habitude, il importe au thérapeute de découvrir l'avantage émotionnel caché dans cette habitude et la motivation qui incite le patient à arrêter. Quel est l'avantage pour un individu de prendre une habitude malsaine (fumer) ou enlaidissante (se ronger les ongles ou s'arracher les cheveux) ? Souvent, il en éprouve un certain bien-être et, quelquefois, cette habitude fonctionne comme une soupape de sécurité quand monte le stress. Fumer devient un prétexte à faire une pause ou à s'occuper les mains.

Les raisons de vouloir rompre avec une habitude varient d'une personne à l'autre, mais il y a quelques points communs soulignés par les patients :

- la gêne causée par l'habitude
- l'impossibilité de se laisser aller à cette habitude en société
- la coquetterie (fumer fait vieillir la peau prématu-

rément ; s'arracher les cheveux éclaircit la chevelure ; se gratter abîme la peau)

• des raisons de santé (le tabagisme peut provoquer le cancer, le grincement des dents use l'émail et endommage la gencive).

À mesure que le thérapeute découvre les avantages que tire le patient de son habitude et sa motivation pour la perdre, il peut les intégrer dans ses suggestions hypnotiques. C'est ainsi que les séances, taillées sur mesure pour chaque patient, peuvent déboucher sur de bons résultats.

Ce genre de thérapie par suggestion peut se poursuivre sur une à cinq séances. Si aucune amélioration ne survient au bout de deux séances, on demande généralement au patient et au thérapeute d'avoir ensemble une discussion pour connaître les raisons qui empêchent le patient de perdre son habitude. Cela peut prendre la forme d'une analyse pointue, où le praticien essaie de trouver la raison de ce blocage. Cette analyse nécessite en général une ou deux séances et traite seulement des sentiments et des souvenirs ayant un rapport étroit avec l'habitude en question. Le patient est invité à considérer les événements passés sous un éclairage différent, de façon à progresser dans l'élimination de l'habitude.

Les deux cas suivants, authentiques, illustrent une séance classique de suggestion thérapeutique, dont l'une où l'analyse pointue a été nécessaire. Évidemment, dans tous les cas cités, les noms des patients ont été changés.

Tabagisme : une histoire vraie (1)

Gérald, 62 ans, est un homme d'affaires. Il a fait ses études à l'université, a été pilote de la RAF d'abord, puis d'une compagnie privée d'aviation. Il fume depuis l'âge de 16 ans. Il en est à quatre-vingts cigarettes par jour lorsqu'il vient se faire traiter. Son médecin lui a demandé d'arrêter de fumer, mais ni lui ni sa famille ne croient qu'il en est capable. Devant un tel cas, je décide de remonter dans le temps, jusqu'à rencontrer un événement qui lui aurait posé un gros problème et dont il aurait triomphé. Par bonheur, il existait !

Lorsque Gérald est passé de la RAF au pilotage commercial, il a dû repartir de zéro. Officier de l'armée de l'air, il s'est vu, dans le civil, recevoir des ordres de gens beaucoup moins expérimentés que lui. Il admettait que, pour lui, cette période n'avait pas été facile, mais il s'est démené pour arriver à une bonne situation. Je lui demandai comment il avait fait pour vivre ces moments difficiles. «Oh, j'ai fait avec !»

J'ai donc inclus cette phrase dans les suggestions hypnotiques car, il l'avait dit, s'il éprouvait quelque difficulté à devenir un non-fumeur, il s'en arrangerait : «il ferait avec» ! Cette suggestion était associée à d'autres, comme se détendre davantage, le franc plaisir d'être devenu un non-fumeur et d'en apprécier les conséquences positives – une énergie renouvelée et une plus grande estime de soi-même.

Gérald a cessé de fumer après une seule séance. Trois ans après, il n'avait pas recommencé.

Tabagisme : une histoire vraie (2)

Jeanne fumait vingt cigarettes par jour lorsqu'elle vint me consulter. Elle prétendait ne pas aimer fumer et, pourtant, elle se sentait incapable d'arrêter. Après la première séance de suggestion, elle ne prenait plus qu'une cigarette par jour, qu'elle voulait fumer, elle ne savait pourquoi, en présence de son mari. Elle désirait évidemment que quelqu'un la voie en situation d'échec.

À la deuxième séance, je lui demandai sous hypnose ce qu'elle ressentirait si elle réussissait à cesser de fumer. Elle me répondit que ce serait épouvantable. Je lui demandai de se fixer sur ce sentiment d'épouvante et de remonter dans le temps pour découvrir à quel moment ce sentiment était survenu. Jeanne est immédiatement remontée au temps de sa scolarité, quand elle était une étudiante brillante. Pendant que son frère et sa sœur jouaient dans le jardin, elle faisait ses devoirs dans sa chambre. Par ailleurs, elle avait une excellente amie à l'école, qu'elle ne quittait guère. Un jour, son amie avait été chargée de s'assurer que, pendant la récréation, personne n'entrerait dans les classes. Jeanne, pourtant, entra dans sa classe pour prendre un objet qu'elle avait oublié. Son amie la vit et la dénonça. Jeanne fut punie. Ce fut la fin de leur amitié. Jeanne en vint à croire que son amie était jalouse de ses succès scolaires. Elle en conclut que les gens vous prennent en grippe si vous réussissez trop bien et que le meilleur moyen de perdre ses amis est de réussir.

Jeanne en était toujours persuadée. Si elle réussissait à s'arrêter de fumer, elle perdrait ses amis. C'est pourquoi elle tenait à fumer en présence de quelqu'un : elle n'était pas aussi performante que cela, voyons ! Je lui demandai, tou-

jours sous hypnose, de se mettre dans la peau de sa meilleure amie d'aujourd'hui et de chercher à savoir ce qu'elle dirait si elle apprenait que Jeanne avait réussi à s'arrêter de fumer. Jeanne était sûre qu'elle serait ravie d'apprendre une telle nouvelle. Au terme de cette seconde séance, elle était devenue capable de cesser de fumer définitivement.

Dépression et anxiété*

Apparemment différents, ces deux états sont souvent associés. Nous les traiterons donc ensemble. La dépression prédomine un jour, le lendemain c'est l'anxiété.

La dépression

Voici les caractéristiques principales de la dépression :

- pleurs
- difficultés à s'endormir
- indifférence
- pessimisme
- retrait de la vie sociale
- désir de solitude
- sentiment de désespoir
- incapacité à surmonter un stress, même minime
- perte du désir sexuel
- manque d'appétit

---

* *Note de l'éditeur* : toute forme de déprime qui dure, d'anxiété et, a fortiori, de dépression, doit vous amener à consulter un spécialiste. Celui-ci est le plus apte à poser un diagnostic fiable et vous dira dans quel cadre l'hypnose peut, sous contrôle médical, vous aider à guérir.

- fatigue perpétuelle
- manque de concentration.

La dépression peut avoir plusieurs causes. La plus compréhensible est provoquée par un choc traumatique. Ce peut être la perte d'un compagnon, d'un enfant ou même d'un animal familier, un licenciement ou des ennuis financiers.

La colère refoulée est aussi une cause possible de dépression. Si on ne vous a pas permis d'extérioriser des émotions négatives ou si votre colère ne s'exprimait que sous une forme violente dans votre enfance, vous avez probablement appris à la supprimer et à l'ignorer. Cependant, la vie n'est pas un long fleuve tranquille, des choses vont mal et les gens ne sont pas toujours gentils avec nous. Si nous ne sommes pas capables de nous mettre en colère de façon constructive, nous nous sentons impuissants et vulnérables. Si l'on veut vraiment éviter les aléas de la vie, le mieux est de se retirer du monde...

Une colère refoulée peut jouer un rôle dans une dépression consécutive à une naissance. Si vous avez eu une enfance malheureuse et si vous êtes maintenant avec votre bébé que vous devez aimer et soigner, des sentiments de colère peuvent remonter en vous, causés par le manque d'amour dont vous avez souffert et l'amertume d'avoir à prodiguer à votre bébé des soins dont vous avez été privée.

Un sentiment appelé « impuissance acquise » est un autre facteur qui peut conduire à la dépression. Avoir été élevé dans un milieu surprotégé, où l'on ne vous a jamais permis, encore moins enseigné, à vous mesurer au quotidien peut provoquer en vous des sentiments d'incompétence et de vulnérabilité le jour où vous devez quitter le cocon familial.

Dépression : une histoire vraie

Paul, un jeune homme de 24 ans, souffre plus ou moins d'une dépression depuis sept ans, quand il a appris que ses parents allaient divorcer.

L'hypnose analytique a révélé en lui un vif sentiment d'abandon, quand il s'est souvenu de cet événement, bien qu'il ait été âgé de 17 ans à l'époque. Il me semblait que cette dépression était antérieure à ce divorce. En effet, il apparaissait que son père avait été absent la plupart du temps et que sa mère était fort peu démonstrative, incapable de manifester quelque tendresse à ses trois enfants. Elle ne s'occupait que d'elle-même. Afin d'attirer un peu son attention, Paul essaya d'être particulièrement brillant et serviable, sans cependant chercher l'approbation de sa mère. Quand il eut l'âge d'aller en classe, il lui arrivait encore de mouiller son lit.

À la pension, une discipline sévère et de fréquentes brutalités le poussèrent à se replier sur lui-même. Lorsqu'il téléphonait chez lui pour dire combien il était malheureux à la pension, sa mère ne l'écoutait pas. Lors des vacances, il pleurait pour ne pas y retourner. Sans succès. On disait que c'était un enfant difficile qui faisait du scandale pour rien. Jamais son père ni sa mère ne lui demandèrent pourquoi il ne voulait plus retourner à la pension.

Au bout de douze séances consacrées à travailler sur les traumatismes passés, les colères et les frustrations refoulées, Paul se sentait mieux qu'il ne l'avait été depuis des années. Il remarqua qu'il avait retrouvé énergie et optimisme.

L'anxiété

L'anxiété est une peur qui n'est pas nécessairement liée à la réalité : vous imaginez ce qui pourrait aller mal dans le futur et vous ressassez vos mésaventures passées. Ces préoccupations, alimentées par des pensées effrayantes, débouchent parfois sur un état permanent de peur et de grande agitation.

Voici les principales caractéristiques de l'anxiété :

- sentiment permanent d'insécurité
- tension physique
- irritabilité
- manque de concentration
- insomnie
- sentiment permanent de fatigue
- respiration irrégulière
- rythme cardiaque irrégulier
- seuil de tolérance au stress abaissé
- fébrilité.

Vous pouvez constater que quelques-uns de ces symptômes coïncident avec ceux de la dépression, de même que les raisons pour lesquelles l'anxiété se développe. L'incapacité à accepter et à exprimer d'une façon constructive les émotions négatives contribue certainement à en faire un facteur puissant. Si vous ne pouvez pas vous mettre en colère, vous manquez d'un mécanisme essentiel de défense, un peu comme une tortue sans carapace. Cela signifie que n'importe qui peut vous faire n'importe quoi : vous êtes incapable de faire face. Alors que, si vous utilisez votre colère de façon constructive, vous pouvez vous détendre et bien dormir la nuit, sachant que si quelque chose ne va pas le lendemain, vous vous en occuperez et en viendrez à bout. Vous n'avez donc nul besoin d'attendre d'éventuels ennuis.

Certaines personnes sont plus anxieuses que d'autres, c'est une affaire de tempérament.

Anxiété : une histoire vraie

Linda se sentait constamment fébrile et irritable. Elle se faisait tellement de mauvais sang qu'elle avait de graves problèmes d'insomnie. Elle s'occupait à longueur de journée de ses deux jeunes enfants, depuis que son mari l'avait abandonnée deux ans auparavant pour une autre femme. Ses angoisses et ses insomnies avaient beaucoup entamé son énergie. À bout de forces, elle décida de me consulter.

Sa petite enfance s'était passée sans histoires. Les ennuis avaient commencé au bout d'un an de mariage. Son mari était un être taciturne et sarcastique, qui parlait des « insuffisances » de Linda. Au bout de quatre ans, elle avait perdu toute confiance en elle et commençait à croire aux remarques de son mari. Elle hésitait à prendre la moindre décision, se sentait de plus en plus anxieuse. Quand il l'abandonna, ce fut pour elle le coup de grâce.

Sous hypnose, nous refîmes toute l'histoire de son mariage. Petit à petit, Linda s'aperçut qu'en fait, c'était son mari qui n'allait pas ! Elle commença à se rendre compte qu'elle s'était très bien comportée dans son mariage et qu'elle était tombée sur un mari difficile. En définitive, en retrouvant confiance en elle, Linda vit disparaître son anxiété.

Les phobies et les crises de panique

Une phobie est une peur excessive, irrationnelle, d'un objet, d'une activité ou d'une situation. Les psychologues distinguent trois sortes de phobies : les phobies spécifiques, les phobies sociales et l'agoraphobie.

Une phobie spécifique est orientée vers des objets particuliers, comme les oiseaux, les papillons de nuit ou le tonnerre, par exemple, ou certaines situations, comme les hauteurs (vertige). La peur, dans ces phobies spécifiques, est d'être tué ou blessé si vous vous trouvez trop près de ces objets particuliers.

Les phobies sociales, quant à elles, concernent la peur de se trouver en présence d'autres personnes. C'est pourquoi ces malades sont souvent incapables de fréquenter restaurants, cafés et autres lieux publics.

Le troisième type de phobie, l'agoraphobie, est caractérisé par la crainte de quitter la maison, d'être seul – même à la maison – ou de sortir à petite distance de la maison. L'agoraphobie est surtout la crainte d'être pris de panique dehors sans personne pour vous secourir. Aussi les agoraphobes évitent-ils transports publics, théâtres, cinémas, foule et même routes fréquentées. Certains ne peuvent pas quitter leur maison un seul instant.

Les principales caractéristiques d'une phobie sont les suivantes :

- La peur persiste très longtemps.
- La peur est irrationnelle.

- Savoir que cette peur est irrationnelle n'aide en rien le malade à cesser d'avoir peur.
- Les actes banals du quotidien sont perturbés par la phobie.
- Les malades ressentent une grande anxiété ou une panique quand ils sont confrontés à l'objet, l'activité ou la situation qu'ils craignent.
- En cas de panique, la réaction physique habituelle est très forte, avec tremblements, palpitations, paralysie et impression de mort imminente. Parfois, des malades s'évanouissent.

La crise de panique est l'explosion d'une accumulation de peurs. Elle peut être confondue avec une attaque cardiaque, à cause des symptômes physiques qui l'accompagnent.

Devant un patient qui souffre d'une phobie ou qui est sujet à des crises de panique, le thérapeute est amené à poser un certain nombre de questions parfois étrangères à sa phobie. Pour déterminer l'approche la plus utile – suggestions, désensibilisation ou analyse –, il faudra découvrir s'il y a eu beaucoup de stress dans la vie du patient avant la première manifestation de la phobie ou des crises de panique. Le stress qui a été refoulé très longtemps peut apparaître sous forme de phobie ou de crise de panique beaucoup plus tard, ce qui rend très difficile pour le malade l'identification de sa source.

Les relations avec votre partenaire peuvent se détériorer jusqu'à la rupture, mais vous pouvez continuer comme si de rien n'était et ne jamais discuter ensemble de ces problèmes. Même si vous supprimez consciemment le stress émotionnel que cela cause en vous, la pression inconsciente commence à monter et s'évacue quand vous ne pouvez plus la maîtriser. Si cette décharge subite se produit alors que vous conduisez sur l'autoroute, par exemple, vous associerez ce sentiment de panique à la conduite automobile elle-même pour, dans le futur, essayer d'éviter les autoroutes.

Une phobie s'acquiert aussi par une série d'expériences déplaisantes qui provoquent une angoisse exagérée. Une scolarité difficile, en butte à des professeurs ou à des brutalités de condisciples, peut conduire à une grande peur de faire quoi que ce soit qui pourrait attirer l'attention, comme manger en public ou faire un exposé devant un auditoire.

On peut aussi imiter la phobie ou la peur d'une autre personne. Si votre mère s'affolait à la vue d'une araignée, vous pouvez «apprendre» à en avoir peur aussi : n'est-elle pas vraiment terrifiante, à en juger par la réaction maternelle ?

De grandes frayeurs peuvent avoir été causées jadis par des traumatismes dont le patient se souvient ou ne se souvient plus. Dans ce dernier cas, le thérapeute envisagera l'hypnose analytique pour découvrir ce qui repose au fond de la peur, afin que la cause traumatique puisse être traitée à fond, tout comme les liens émotionnels qui relient cet événement au patient.

Phobie : une histoire vraie

Constance manifeste depuis six ans une peur toujours plus grande des ascenseurs et des trains. Elle s'est arrangée pour les éviter pendant des années, mais elle ne peut plus se le permettre dans son nouveau travail : un bureau au dixième étage, et il faut prendre le train pour se rendre dans ce quartier d'affaires !
Les craintes de Constance avaient débuté lorsqu'elle et son mari avaient perdu leur situation en l'espace de deux mois. Elle arriva à trouver un emploi, tandis que son mari restait au chômage. Elle travaillait beaucoup dans une profession très prenante, le trajet était long pour revenir à la maison, où il fallait s'occuper des enfants et du ménage. Et son mari ne lui apportait guère de réconfort.
Dans sa phobie, Constance a surtout peur que les gens l'observent si elle a une crise de panique dans le train ou l'ascenseur. Sous hypnose, elle raconte qu'à l'âge de 8 ans, elle a été accusée d'avoir chipé le crayon d'une camarade. Alors que le professeur l'accusait, Constance sentait tous les regards de la classe fixés sur elle : elle en était bouleversée. Lorsqu'on retrouva le crayon deux jours plus tard, personne ne pensa à présenter des excuses à Constance pour l'avoir accusée à tort.
Dès que ce souvenir – et quelques autres – fut mis au jour et traité, Constance fit des progrès et maîtrisa rapidement ses phobies. Elle reprit confiance en elle-même en quelques séances et s'arrangea pour persuader son mari de l'aider un peu plus à la maison.

Problèmes de poids et désordres alimentaires

Comme dit le vieil adage, la nourriture reste deux secondes dans la bouche, deux heures dans l'estomac et deux ans sur les hanches. Les kilos superflus s'installent insidieusement pendant des semaines et des mois. Un kilo ou deux en trop ne posent pas de problème, mais, au bout d'un certain temps, les kilos s'ajoutent les uns aux autres. Beaucoup de gens sont parfaitement capables de faire attention à leur poids tout en mangeant de bonnes choses. Même si les femmes se plaignent toujours de leur poids, la plupart d'entre elles ont une image très réaliste de leur corps.

Cependant, des déséquilibres plus sérieux dans les habitudes alimentaires sont souvent le signe d'un manque d'équilibre émotionnel.

Voici les symptômes de quelques désordres alimentaires :

- vivre pour manger plutôt que manger pour vivre
- compter les calories d'une façon obsessionnelle se faire subir un régime prolongé
- se sentir obèse quel que soit son poids (anorexie)
- se sentir coupable à propos de la nourriture (anorexie, boulimie)
- se suralimenter et ensuite prendre des laxatifs ou se faire vomir (boulimie)
- utiliser régulièrement la nourriture comme source de bien-être

- utiliser régulièrement la nourriture pour réduire son anxiété ou apaiser sa colère
- cacher aux autres ce que l'on mange et la quantité ingérée
- cacher la nourriture (anorexie, boulimie)
- faire énormément de sport (anorexie, boulimie).

La question du poids est classique chez les patients de l'hypnose. Cependant, les problèmes de poids ne sont pas tous les mêmes. Dans les cas simples, le patient a pris de mauvaises habitudes alimentaires qu'il lui est difficile d'abandonner, mais qui sont, en fait, faciles à traiter par la suggestion. On lui donnera une cassette à écouter chez lui.

La suralimentation est plus qu'une mauvaise habitude et elle est plus difficile à traiter que, par exemple, le tabagisme. Vous pouvez vivre sans fumer, mais vous ne pouvez pas vivre sans manger. Manger est un facteur d'équilibre physique et mental. Le stress affecte les gens de différentes façons : bouleversés, certains ne peuvent plus avaler une bouchée, d'autres se suralimentent. Et si le stress est trop important, de graves désordres dans ce domaine, de nature compulsive, se produisent.

Une alimentation saine est un signe d'équilibre.

Un véritable désordre alimentaire n'est pas toujours facile à détecter, car beaucoup de mangeurs compulsifs et tous les boulimiques cachent leur problème. Les gens qui souffrent de boulimie sont rarement obèses : en général, ils ont un passé d'anorexiques. Dès qu'ils atteignent le stade de la boulimie, ils semblent se nourrir plus ou moins normalement mais, en réalité, ils se suralimentent en cachette et se font ensuite vomir. D'abord contents de s'être soulagés de cette nourriture, ils se sentent ensuite honteux et pleins de remords.

Il n'en va pas de même dans l'anorexie. Les malades sont satisfaits de leur pratique compulsive de jeûne. Il est facile de s'apercevoir que quelque chose va très mal chez eux, parce que les anorexiques sont terriblement maigres. Se sentant constamment trop gros, ils ne peuvent arrêter de s'affamer ! Aussi ne les voit-on pratiquement pas venir se faire soigner, à l'inverse des boulimiques.

Les troubles alimentaires sont pour la plupart d'origine psychologique.

La thérapie par suggestion est suffisante pour la plupart des patients, quand les problèmes d'alimentation ne sont pas trop compulsifs. Quand il s'agit de désordres plus graves, une approche analytique est nécessaire.

Les raisons de l'obésité sont à 99 % d'ordre émotionnel et seulement à 1 % d'ordre physique. La cause est toujours d'ordre émotionnel dans les troubles de l'alimentation.

Voici quelques raisons qui peuvent conduire à la suralimentation ou à un trouble de l'alimentation :

- être issu d'une famille dont plusieurs membres se suralimentent
- être stressé par le surmenage
- être stressé par une surcharge émotionnelle
- avoir un entourage qui ne vous convient pas
- chercher à se punir soi-même (boulimie)

- recherchser son indépendance (anorexie, boulimie) lutter pour le pouvoir dans la famille
- avoir eu une mère secrètement ou ouvertement abusive
- être influencé par la mode et la publicité suggérant que seule la minceur est belle
- avoir peur du sexe
- avoir peur de grandir
- être déprimé
- être angoissé
- se sentir impuissant et vulnérable
- avoir été ou être victime d'abus sexuels.

Manger trop ou pas assez a une signification symbolique. C'est le travail de l'hypnothérapeute de découvrir le rôle de la suralimentation ou du jeûne dans la vie du patient. Tout symptôme, quelque bizarre qu'il puisse paraître, sert une fonction, que ce soit le confort ou la protection. Il est nécessaire de permettre au patient de se protéger ou se renforcer d'une manière constructive. Il faut mettre au jour les traumatismes du passé, rétablir sa confiance en lui pour qu'il abandonne cette béquille.

Boulimie : une histoire vraie

Catherine est un cadre supérieur brillant, qui assume de lourdes responsabilités. Elle travaille beaucoup, même le week-end, et doit faire de nombreux repas d'affaires. Ces repas officiels lui posent un problème : Catherine est boulimique ! Elle doit manger comme les autres mais, en même temps, elle

n'en a pas envie. Aussi trouve-t-elle toujours une occasion pour s'éclipser et se faire vomir.
Adolescente, Catherine avait souffert d'anorexie. Vivant exclusivement de fruits, elle était descendue à 38 kilos...
Comme nous le découvrirons au cours des séances d'hypnose analytique, Catherine a eu une enfance très solitaire. Son père, dont elle se sentait proche, travaillait beaucoup au loin, et sa mère, une femme esclave de ses colères, suspectait toujours son mari d'avoir des aventures. Les deux frères de Catherine oubliaient les difficultés familiales en jouant avec les enfants du voisinage. Comme il n'y avait pas de filles alentour, Catherine restait confinée à la maison avec sa mère, qui était tellement préoccupée de ses problèmes personnels qu'elle en oubliait sa fille. Catherine se replia sur elle-même, se mettant à lire nuit et jour pour surmonter sa solitude.
Ses parents comptaient sur une gamine de 13 ans pour veiller sur ses deux frères, tandis qu'ils partaient en week-end pour essayer de recoller les morceaux de leur mariage. Catherine se sentait accablée par cette responsabilité, sans jamais parler à sa mère des difficultés qu'elle rencontrait avec les garçons quand ils étaient méchants : elle n'était pas moucharde !
Un jour, un bruit courut : le père de Catherine aurait tourmenté une élève de l'école. En conséquence, Catherine fut mise en quarantaine à l'école. C'est alors qu'elle cessa de manger et devint anorexique.
Nous étudiâmes à fond ses rapports avec ses parents et son profond sentiment de solitude. Au bout de trois séances, Catherine nota déjà une diminution du nombre de fois où elle se sentait forcée de vomir. Au bout de quinze séances, Catherine mangeait normalement.

Confiance et estime de soi

Il y a une différence fondamentale entre le manque de confiance en soi et le manque d'estime de soi.

Manquer de confiance en soi, c'est se sentir incapable de réaliser certaines choses, alors que le manque d'estime de soi est le sentiment que vous ne méritez pas de les réaliser.

Le manque d'estime de soi inclut automatiquement le manque de confiance en soi, alors que quelqu'un peut manquer de confiance en soi sans pour autant se mésestimer.

Les caractéristiques du manque de confiance en soi sont les suivantes :

- rester passif dans certaines situations où agir vous améliorerait l'existence
- ne pas dire ce que vous pensez alors qu'il serait à propos de le faire
- ne pas vous tenir à ce que vous avez dit
- mettre toujours les autres en avant
- être incapable de dire non
- être incapable de prendre des décisions
- faire ce que vous avez dit, mais le regretter
- crier ou vous mettre en colère quand vous voulez quelque chose.

Les caractéristiques du manque d'estime de soi sont les suivantes :

- toutes les caractéristiques ci-dessus, plus :
- croire que tout ce qui vous arrive de mauvais est votre faute

- penser que tout ce qui vous arrive de mauvais est destiné à vous punir d'être une personne aussi nulle
- se mésestimer en pensée
- se sous-estimer devant les autres
- abuser du tabac, de l'alcool, de la drogue
- choisir de mauvais amis et rester avec eux parce que vous pensez que vous ne valez pas mieux
- repousser les gens qui sont gentils avec vous parce que vous êtes sûr qu'ils vous mentent ou qu'ils sont trop bêtes pour se rendre compte de votre nullité
- dans les cas extrêmes, s'automutiler ou se suicider.

Un léger manque de confiance en soi est un sentiment que la plupart des gens ont éprouvé un jour ou l'autre, surtout à l'adolescence, quand il faut affronter tous les changements physiques qui nous transforment et, en même temps, devenir adulte.

Mais, même plus tard, devenus compétents dans bien des domaines, nous pouvons manquer de confiance dans d'autres : peut-être ne pouvons-nous pas parler en public, peut-être sommes-nous intimidés par nos supérieurs ou trouvons-nous difficile de faire une réclamation lorsque nous ne sommes pas satisfaits d'un service.

Si votre manque de confiance en vous se borne à cela, un hypnothérapeute vous fera des suggestions appropriées et vous donnera une cassette pour vous entraîner à la maison. Si les problèmes sont plus graves, le thérapeute conseillera une analyse.

Parmi les raisons d'un certain manque de confiance en soi, en voici quelques-unes :

- avoir manqué d'attention et d'encouragements de la part de vos parents dans la petite enfance
- avoir eu une ou plusieurs expériences négatives lorsque vous avez tenté d'être péremptoire
- avoir eu des parents peu sûrs d'eux-mêmes
- vivre dans un milieu où les opinions non conformistes ne sont pas tolérées ou sont ridiculisées
- se sentir coupable à propos d'un événement passé
- avoir été critiqué ou désapprouvé dans l'enfance, l'adolescence et/ou dans le couple
- avoir eu des parents qui ergotaient sans cesse
- avoir vécu le divorce de ses parents ou n'avoir pu garder le contact avec le parent qui a quitté la maison.

Confronté à quelqu'un qui se mésestime, un hypnothérapeute aurait tendance à s'engager dans une approche analytique classique pour en découvrir la cause. Il est vrai que votre type de caractère joue un rôle dans votre façon d'affronter une situation, mais il y a toujours un composant extérieur qui influencera l'opinion que vous avez de vous-même. Être timide de naissance n'empêche pas, en soi, le développement de l'estime de soi. C'est la façon dont les autres réagissent à votre contact qui détermine le développement de l'estime que vous vous portez.

Voici quelques raisons qui peuvent (mais ne le devraient pas) être la cause d'un manque d'estime de soi :

- être fréquemment humilié
- avoir souffert d'abus (sexuels, de langage), de sévices

- avoir été longtemps négligé étant enfant
- avoir grandi dans une maison où aucune relation de confiance avec un adulte ne pouvait s'établir
- voir un membre de la famille être soumis à des abus sexuels ou de langage, être battu, sans pouvoir le secourir
- avoir des parents qui se battent
- ne jamais recevoir d'aide pour quelque problème que ce soit.

L'estime de soi commence à se développer très tôt dans la vie et, jusqu'à ce qu'elle soit fermement établie, elle est très vulnérable aux événements extérieurs. Tout ce qui se passe autour d'eux, les enfants le rapportent à eux-mêmes. Comme ils dépendent de leurs parents pour la nourriture, la protection, l'affection, la reconnaissance, tous les événements qui bouleversent leur sécurité émotionnelle les perturbent. Quand ils commencent à se rendre compte du nombre de choses qu'ils sont incapables de faire ou qu'ils comprennent mal, ils en concluent que tout ce qui ne tourne pas rond dans leur entourage est leur faute : peut-être mes parents ne se disputeraient-ils pas tout le temps si je n'étais pas là ? Peut-être mon père ne serait-il pas d'aussi mauvaise humeur si j'étais plus gentil, plus rapide, plus intelligent ? Un étranger constaterait que les parents se disputent pour incompatibilité d'humeur, que le père se montre toujours critique parce qu'il souffre d'un complexe d'infériorité. Un enfant, lui, ne peut s'en prendre qu'à lui-même.

Estime de soi : une histoire vraie

Pierre avait 25 ans quand il est venu se faire traiter. Il avait fait plusieurs fois de la prison pour vol. Il se dégoûtait profondément et souffrait d'angoisse et de dépression.

En cherchant les causes de ses problèmes, nous avons égrené un long chapelet de souvenirs malheureux. Pierre a été élevé à la campagne par sa mère et sa grand-mère, son père ne faisant que de rares apparitions, en état d'ébriété la plupart du temps. La grand-mère et sa fille ne s'entendaient pas et déchargeaient leurs frustrations sur Pierre en le houspillant. De plus, il était battu régulièrement par son frère aîné et parfois par son père. Benjamin de la famille, il lui semblait que l'insatisfaction du monde entier lui tombait dessus quotidiennement. C'était le punching-ball de la famille. Il n'arrivait pas à se souvenir d'un seul événement heureux.

Pierre commença à voler de temps en temps de la petite monnaie à sa mère, puis à sa grand-mère, jusqu'au jour où il fut pris sur le fait. Il fut alors battu par sa grand-mère, son frère puis son père. Sa grand-mère proclama à tout le monde que son petit-fils était un voleur et qu'il le resterait à jamais. Pierre en fut bouleversé, submergé par sa culpabilité. Le peu d'estime qu'il avait pour lui-même disparut après cet assassinat moral en public : Pierre n'avait plus rien à perdre. Aussi prit-il le chemin prédit par sa grand-mère : il commença à cambrioler des appartements, devenant un voleur professionnel.

Nos séances d'hypnose consistaient en une recherche désespérée pour trouver quelque chose de bon en lui. Il me fallait obtenir une image plus précise de ses parents, de sa grand-mère et de son frère. Finalement, Pierre arriva à entrevoir (lui, habitué depuis l'enfance à se blâmer pour tout) la pro-

babilité que c'étaient d'abord les autres qui avaient eu tort de le traiter ainsi. Bref, le parcours fut réussi. Pierre commença à se construire une meilleure image de lui-même en décidant de s'inscrire dans un collège d'où il sortit avec succès au bout de trois ans.

Les problèmes sexuels

L'agrément et le plein aboutissement du plaisir sexuel sont choses naturelles qui supposent la possibilité de fonctionner spontanément.

Le cycle normal de réponse sexuelle consiste en un stade d'éveil initial, suivi d'un plateau où l'excitation atteint un pic, qui reste stable un moment pour se relâcher en un orgasme.

L'orgasme est une sensation très agréable, dans laquelle la femme contracte involontairement les muscles du vagin et l'homme le pénis, contractions aboutissant à l'éjaculation de la semence.

L'orgasme est suivi d'une phase de résolution où l'homme comme la femme perdent, pendant un certain temps, leur faculté de réponse à une stimulation sexuelle.

Quand ce cycle naturel est interrompu ou que les choses ne se passent pas ainsi, voici quelques symptômes qui indiquent qu'il existe un problème :

- peu ou pas de désir sexuel
- rejet total du sexe considéré comme dégoûtant
- incapacité de ressentir l'orgasme
- incapacité de maintenir une érection suffisamment longtemps pour permettre la pénétration
- éjaculation précoce (avant ou peu après la pénétration)

- contraction exagérée des muscles du vagin, rendant la pénétration très pénible ou même impossible.

Les problèmes sexuels ont un grand nombre de causes, qui ne sont pas toutes d'ordre psychologique. Lorsque l'artère pénienne est bloquée, l'érection est inhibée ou même empêchée. De même, un taux d'hormones peu élevé peut causer un manque d'intérêt sexuel chez l'homme comme chez la femme. Il en est de même de la prise de médicaments contre l'hypertension, entre autres.

Cependant, dans la majorité des cas, il y a une forte composante psychologique. La réponse sexuelle, qui se déclenche naturellement dès qu'il y a stimulation, est fragilisée par un stress ou un souci. Pour réussir un cycle complet, il vous faut être capable de vous investir totalement dans l'acte sexuel. Penser à autre chose casse le processus. Autrement dit, les problèmes sexuels peuvent apparaître dès que vous êtes perturbé. Cela peut être dû à un déménagement, une nouvelle situation, un nouveau-né, à plus forte raison le chômage ou de graves ennuis financiers.

Une autre cause de problèmes sexuels peut être le fait que vous connaissez des difficultés relationnelles. Même si certaines personnes prétendent que tout va bien parce qu'elles simulent le plaisir, d'autres trouvent qu'une telle conduite est à vous dégoûter du sexe.

De même, si une femme a un partenaire vraiment inexpérimenté, elle n'éprouvera aucun plaisir. Et cela n'a évidemment rien à voir chez elle avec un stress ou un problème émotionnel.

Toutes les causes des problèmes sexuels dont on vient de parler sont déclenchées par des circonstances extérieures. Cela signifie que le problème se résoudra de lui-même dès que vous aurez appris à maîtriser le stress et à mieux vous relaxer.

Les choses se compliquent quand les causes sont inhérentes à la personnalité même. Cela est souvent dû à une éducation trop stricte, trop moralisatrice. Les familles ou les écoles très religieuses peuvent enseigner, directement ou implicitement, que le sexe est mauvais ou répugnant. La masturbation, qui est pour les enfants une pratique nécessaire au développement de leur maturité sexuelle, est souvent considérée comme néfaste. Si les adolescents sont culpabilisés pour l'intérêt grandissant qu'ils portent à leur corps et à la sexualité en général, des difficultés peuvent apparaître plus tard. Dans les cas extrêmes, le sexe est tellement lié à la culpabilité que le plaisir sexuel ne pourra être ressenti que dans la douleur et l'humiliation (masochisme).

Avoir vu ses parents faire l'amour peut être très néfaste pour le fonctionnement sexuel de l'adulte. Un enfant est trop jeune pour comprendre ce qui se passe : les bruits, les mouvements, les positions peuvent lui laisser penser que l'un des parents maltraite l'autre. Tout cela lui semble effrayant. Pour un enfant sensible, ce peut être une expérience traumatisante.

Cependant, le choc émotionnel le plus grave pour un enfant est d'être brutalisé sexuellement ou violé. Nous avons déjà vu, dans le paragraphe sur la confiance et l'estime de soi (page 83), que les enfants se sentent toujours responsables de ce qui leur arrive. Un abus sexuel ne laisse pas seulement l'enfant honteux et coupable, mais lui donne aussi une vision déformée de la sexualité et de l'acte sexuel.

Dans tous les cas où le problème sexuel prend sa source dans l'individu même, les sentiments de culpabilité doivent être résolus avant que le patient puisse éprouver la moindre amélioration.

Ejaculation précoce : une histoire vraie

Michel a 35 ans. Divorcé, il a vécu seul trois ans et vient de rencontrer une femme qu'il décrit comme magnifique et avec laquelle il est très heureux. Malheureusement, il n'est pas très brillant au lit. Surexcité, il éjacule beaucoup trop tôt. Son amie est très compréhensive, pour le moment... Mais il sent bien qu'il faut trouver une solution à ce problème qui dure depuis deux mois : plus il essaye de retenir son éjaculation, moins il y arrive !
Je passai la première séance à enseigner à Michel la pratique de l'autohypnose pour se détendre, ce qu'il comprit aisément. Je lui donnai donc une cassette à écouter tous les jours pour se relaxer à la maison. En venant à la deuxième séance, il m'annonça qu'il y avait eu de l'amélioration. Pendant la deuxième séance, j'encourageai Michel sous hypnose à se souvenir du rapport sexuel le plus excitant qu'il ait jamais eu. Il n'avait pas à s'exprimer, mais simplement à s'immerger dans son souvenir. Enfin, un large sourire apparut sur son visage et il eut un grand soupir de soulagement. Il rougit un peu en sortant de son hypnose et partit rapidement.
Trois jours après, il téléphonait, exultant, pour dire que tout allait bien et qu'il n'avait pas besoin d'autres séances.

Obsessions et compulsions

Les gens qui souffrent d'obsession ont une idée fixe ou une pensée qui les effraie. Par exemple, «je vais avoir un accident aujourd'hui», ou bien «la maison est pleine de microbes», ou encore «je vais blesser quelqu'un». Même s'ils savent que cette pensée n'a aucun sens, ils ne peuvent s'empêcher d'y revenir. Comme elle provoque une grande angoisse, les malades essayent souvent de contrecarrer leur obsession en se livrant à une action compulsive, qu'ils exécutent comme un rituel chaque fois que la pensée obsédante leur vient à l'esprit. L'action compulsive ne rassure le malade que peu de temps, jusqu'à ce que la pensée obsédante réapparaisse : il faut alors répéter l'action compulsive.

Quelques personnes souffrent d'une forme atténuée de cette pathologie, que l'on désigne par «troubles obsessionnels compulsifs». Lorsqu'elles sont stressées, elles se mettent à vérifier et à revérifier les serrures ou les robinets. Dès que le stress disparaît, le comportement compulsif en fait autant ! Cependant, il existe des formes plus sévères. Certains estiment impossible de renoncer à leurs actions et pensées rituelles, même quand leur existence s'écoule tranquillement.

Voici quelques exemples de troubles obsessionnels compulsifs :

- ne pas marcher sur les rainures qui séparent les pavés (forme douce)
- éviter soigneusement certaines couleurs ou certains chiffres

- vérifier sans arrêt que vous avez bien fermé les portes, les fenêtres, les robinets d'eau, de gaz, etc.
- faire en sorte que tout dans la maison soit rangé dans un certain ordre
- nettoyer constamment la maison
- compter et recompter l'argent de votre porte-monnaie
- se laver sans cesse les mains
- avoir la phobie de la poussière et des microbes
- toucher un certain nombre de fois un objet (par exemple, un bouton de porte) avant d'entrer ou de sortir
- avoir à dire mentalement une formule particulière pour contrecarrer une pensée effrayante
- craindre de se blesser ou de blesser les autres
- craindre de dire des obscénités
- être incapable de prévenir les pensées obsédantes ou les actions compulsives
- avoir des pensées obsédantes et des actions compulsives telles qu'elles dictent leur loi dans la vie quotidienne.

Les personnes atteintes de troubles obsessionnels compulsifs possèdent en général une personnalité particulière. Elles expriment difficilement des émotions chaleureuses, placent le travail avant le plaisir, sont très critiques envers elles-mêmes et les autres, avec une dose de perfectionnisme et une tendance à être hyperscrupuleuses. Leur caractère entier et leur inflexibilité les rendent difficiles à traiter. Cependant, l'hypno-analyse associée à la thérapie comportementale aboutit à de très bons résultats qui perdurent.

Un trouble obsessionnel compulsif peut soudain apparaître, sans raison évidente. Vous constatez un jour qu'une pensée vraiment effrayante vous vient à l'esprit. Vous voulez évidemment vous en débarrasser. Pour ce faire, vous procédez à quelque chose de «magique», comme la répétition d'un mot ou d'une formule, ou vous vous livrez à une action particulière, comme de passer une porte à reculons un certain nombre de fois pour empêcher la terrible pensée de devenir réalité.

Semblables aux crises de panique, les troubles obsessionnels compulsifs sont précédés d'un ou plusieurs événements traumatisants qui ont déjà élevé le seuil d'angoisse du patient : une maladie, une situation de crise à la maison ou un stress au travail. Les gens les plus susceptibles d'être victimes de ces troubles sont ceux qui ont peu de confiance en eux ou peu d'estime pour eux-mêmes – ou les deux – et sont, par conséquent, généralement sujets à l'angoisse.

Pour aider un patient à surmonter un problème compulsif ou obsessionnel – ou les deux –, un thérapeute visera à mettre en évidence les angoisses fondamentales. En traitant à fond le traumatisme passé, la confiance en soi et l'estime de soi peuvent être rétablies, le patient gagnant un sentiment plus profond de maîtrise de soi. En conséquence, les pensées obsessionnelles commencent à disparaître et les actions compulsives avec elles.

Pensées obsessionnelles : une histoire vraie

Marie, mariée depuis six ans, a deux petites filles. Il y a deux ans, elle a commencé à souffrir de la crainte de faire du mal à ses enfants. Elle savait bien qu'elle ne le ferait jamais, mais le fait de le savoir ne l'aidait en rien à se débarrasser de cette pensée obsessionnelle. Elle s'en affolait et passait beaucoup de temps à m'assurer que c'étaient seulement des pensées et qu'elle ne pourrait jamais faire de mal à ses enfants. Elle avait honte d'avoir un tel problème et craignait de devenir folle. Elle essayait de s'abrutir dans le travail mais, dès qu'il y avait une pause, l'obsession revenait.

En interrogeant Marie, j'appris que deux événements étaient survenus six mois avant l'apparition de ses pensées obsessionnelles. Le premier fut la découverte que son mari avait eu une aventure. Bouleversée, elle chercha la raison de sa trahison. Les enfants adorant leur père, elle sentit qu'il lui fallait avaler sa rancœur. Après l'aveu de son mari, ils n'en avaient jamais reparlé, mais elle ne cessait d'y penser, allant jusqu'à lui trouver des excuses, pensant que c'était probablement sa faute à elle, etc.

Quelque temps après, un voisin raconta à Marie qu'un petit garçon de six ans qu'ils connaissaient avait apparemment été assassiné par sa mère. La chose ne fut pas prouvée, mais l'image frappa l'esprit de Marie : une mère meurtrière de son enfant ! Elle commença à avoir d'horribles pensées, s'imaginant un couteau à la main, prête à faire du mal à ses enfants. Négligeant le fait qu'elle ne cessait de les entourer des soins les plus attentifs, elle se mit à vivre dans la crainte que sa pensée obsessionnelle ne devînt réalité.

Sous hypnose, Marie raconta que, petite fille, elle avait été traitée comme Cendrillon. Rarement félicitée, elle était le plus souvent grondée, alors que sa sœur aînée ne pouvait jamais avoir tort. Avant son mariage, elle était peu sûre d'elle et introvertie, mais peu à peu elle avait repris ses marques en tant qu'épouse et mère, jusqu'à ce que l'aventure de son mari ne compromette sa fragile confiance en elle.

En décrivant les sentiments que l'aventure de son mari avait provoqués en elle, elle avoua qu'elle aurait pu le poignarder. Le voilà, le couteau de ses pensées obsessionnelles ! Il apparut qu'elle était incapable de décharger sa colère (= couteau) sur son mari, de crainte qu'il ne l'abandonnât, aussi ce sentiment s'était-il inconsciemment détourné vers ses enfants – le lien étant fourni par la terrible et véritable histoire du petit garçon assassiné.

Dès que Marie, sous hypnose, eut déchargé sa colère contre les personnes qui l'avaient inspirée, elle nota une nette diminution de ses pensées obsessionnelles puis, reprenant confiance peu à peu, elle les vit enfin disparaître.

Maîtriser la douleur

L'hypnose s'est révélée utile dans bien des situations. Voici quelques types de douleur qu'elle peut traiter :

- brûlures
- cancer
- douleur d'un membre fantôme amputé
- accouchement
- chirurgie dentaire
- chirurgie générale, y compris césarienne
- douleur chronique due à une maladie.

Pour ceux qui sont allergiques aux anesthésiques,

l'hypnose peut être un substitut. Elle peut remplacer les antalgiques et les décontractants musculaires. Il est bien établi maintenant que l'anesthésie générale constitue un risque, car c'est une épreuve majeure pour le corps, et les médicaments administrés avant et pendant l'opération restent des années dans l'organisme. L'hypnose utilisée comme antalgique, anesthésique ou décontractant n'a aucun de ces effets secondaires.

Si nous devions définir la sensation de douleur, nous pourrions la qualifier de sensation physique désagréable, qui nous cause une inquiétude émotionnelle. Mais que se passe-t-il en réalité dans le corps ?

Si le pied de quelqu'un vous écrase l'orteil, si vous vous brûlez en ouvrant la porte du four, des structures microscopiques dans la peau, appelées terminaisons nerveuses, conduisent alors des impulsions à la moelle épinière grâce aux fibres nerveuses. De la moelle épinière, le signal de la douleur est relayé par le thalamus dans le cerveau. C'est à cet instant même que vous retirez votre main du four ou votre pied de sous la semelle du maladroit !

Tout cela se passe en une fraction de seconde. Dans ce contexte, la douleur est très utile, parce qu'elle nous oblige à nous éloigner de l'objet blessant pour éviter une blessure plus grave.

L'hypnose peut remplacer les antalgiques.

Mais la douleur peut aussi survenir à la suite de l'atteinte du système nerveux, par blessure ou par maladie. Dans ces cas-là, elle peut persister inutilement. Il en est de même chez les amputés, qui ont l'impression que leur membre est toujours là. Certains vont jusqu'à souffrir d'une douleur «fantôme» dans le membre qui n'existe plus. Dans ce cas précis encore, la douleur ne sert à rien.

Cependant, votre douleur ne dépend pas seulement de l'acuité de l'impact avec un objet dangereux. Il y a plusieurs autres facteurs qui en déterminent le degré de gravité. Dans le paragraphe consacré aux phobies (page 74), nous avons établi que l'on pouvait «attraper» une réaction phobique auprès de quelqu'un. Le même phénomène est vrai pour la douleur. Si vous avez été élevé dans un milieu où les gens font toute une histoire pour le mal le plus bénin, vous redouterez l'idée même de la douleur et ressentirez toute douleur comme très aiguë.

Votre état d'esprit et vos émotions jouent un rôle. Si vous n'êtes pas à même de vous maîtriser, si vous n'êtes pas indépendant et avez peu d'estime pour vous-même, vous êtes beaucoup plus porté à craindre la douleur et à la vivre comme traumatisante.

Pour aider le patient à réduire ou à éliminer la douleur, un hypnothérapeute, avant toute chose, l'adressera à un médecin généraliste pour savoir s'il n'y a pas une cause physique à sa douleur, une tumeur ou une maladie qui n'aurait pas été diagnostiquée. Ces éventualités écartées, l'hypnothérapeute peut induire un agréable état d'hypnose et commencer à travailler sur l'imagination.

Lorsqu'il faut préparer le patient à subir une opération, le thérapeute lui demande quel est pour lui le scénario le plus relaxant : se trouver dans les montagnes, devant un lac, sur une plage ? Le paysage choisi est alors intériorisé après l'induction hypnotique initiale, et le patient doit s'intégrer dans ce paysage pour le temps qu'il faut.

Chirurgie dentaire : une histoire vraie

Allergique aux anesthésiques, Stéphane devait subir une intervention de chirurgie dentaire. Son dentiste, très bon hypnothérapeute, le soigna donc sous hypnose, en utilisant la navigation sur un grand lac, passe-temps favori de Stéphane. Pendant deux heures, Stéphane « navigua », prenant la lampe du dentiste pour un soleil radieux et le gargouillis de l'appareil de succion pour le clapotis de l'eau contre la coque du bateau, tandis que le bistouri taillait dans la gencive...

Quand un patient souffre d'une douleur causée par une maladie ou une blessure (y compris la douleur fantôme de l'amputé), l'hypnothérapeute peut suggérer au malade d'imaginer sa douleur comme un objet. S'il s'agit d'une cautérisation, le patient peut la décrire comme une boule de flammes. Une douleur lancinante peut être assimilée à une rangée de couteaux hachant une partie du corps. Sous hypnose, le patient contrecarre la douleur en lui superposant une image apaisante : la boule de flammes est doucement intégrée dans une montagne neigeuse, la partie du corps souffrant de douleur lancinante se blinde pour rester intacte.

Douleur fantôme : une histoire vraie

Cédric souffrait souvent de sa main amputée. Même les antalgiques les plus puissants n'arrivaient pas à le soulager. Son médecin l'adressa à un hypnothérapeute, qui lui apprit l'autohypnose pour se détendre et réduire la souffrance. Sous hypnose, on suggéra à Cédric qu'il avait la délicieuse sensation de caresser la fourrure soyeuse d'un chat, au lieu de penser à sa main amputée. Le lien entre le moignon et une sensation tactile agréable fut alors enraciné grâce à une suggestion post-hypnotique : Cédric put alors éliminer instantanément la douleur dès qu'elle s'annonçait.

Désordres psychosomatiques

On ne sait pas encore très bien comment l'hypnose peut obtenir cet effet. Au début, on pensait qu'elle provoquait une décharge de sécrétions opiacées émanant du corps même. Cependant, on s'aperçut que lorsqu'on donnait aux sujets hypnotisés du Naloxon, substance qui neutralise les produits opiacés, ils continuaient à résister à la douleur. Il semble que focaliser des images sous hypnose cristallise la concentration, au point que la perception de la douleur est annulée.

Le mot «psychosomatique» s'applique aux conditions dans lesquelles les facteurs psychiques affectent le corps. Nous avons déjà vu la connexion qui existe entre le corps et l'esprit et la manière dont le conscient et l'inconscient interagissent (voir page 21). Lorsqu'un stress émotionnel survient fréquemment, et particulièrement s'il n'est pas exprimé, le système nerveux autonome reste en alerte constante. Cela augmente la tension, les glandes sécrètent plus d'hormones que nécessaire et les organes se contractent inutilement. Par exemple, si vous êtes en colère, votre tension monte, votre rythme cardiaque et votre respiration s'accélèrent. Dès que la colère tombe, ces processus physiologiques se renversent d'eux-mêmes. Malgré tout, si vous êtes perpétuellement en colère (et surtout si vous êtes incapable d'évacuer cette colère), les symptômes physiques associés à cet état persistent.

Le temps passant, vous éprouvez des sentiments désagréables associés à de l'hypertension, sans avoir conscience nécessairement des émotions qui ont fait apparaître ces symptômes au premier plan.

Voici quelques maladies et troubles qui impliquent une composante psychosomatique plus ou moins importante :

- hypertension
- asthme
- eczéma
- psoriasis
- troubles intestinaux
- migraines
- mal de dos et du cou
- impuissance
- dermatites
- ulcères gastriques
- cancers, peut-être
- scléroses multiples
- fatigue chronique.

Confronté à un trouble psychosomatique, l'hypnothérapeute se concentre sur les émotions qui mettent l'organisme sous pression et l'empêchent de fonctionner correctement. Dans ce contexte, il n'est pas important de situer la partie du corps où la surcharge émotionnelle se manifeste. L'essentiel est que l'organisme réagit à quelque chose qui ne fonctionne pas sur le plan émotionnel.

L'organe souffrant (peau, cœur ou intestins) fonctionne justement comme le point le plus faible, semblable en cela à un fusible qui fond lorsqu'il y a surcharge électrique. Cependant, quelques praticiens attachent une grande importance au genre de trouble psychosomatique qu'un malade peut développer et rattachent certaines maladies à certaines émotions.

Si un patient consulte pour un mal de dos et des douleurs au cou, ils essayent de trouver ce qui, dans sa vie, représente une «douleur dans le cou». Si la personne souffre d'un ulcère, le thérapeute peut l'attribuer à quelque chose qui «dévore» le patient. Pour l'asthme, on peut demander au patient ce qu'il cherche à «expectorer». Souvent, ces associations entre maladie et émotions sont très précises.

Les raisons des troubles psychosomatiques sont très variées, mais elles sont habituellement liées à une situation stressante continue que, pour une raison ou une autre, les malades ne peuvent (ou pensent qu'ils ne doivent pas) discuter.

Cela peut être une situation intenable dans leur métier, si on leur demande un travail pour lequel ils n'ont pas été formés, ou encore simplement une atmosphère désagréable au bureau, des altercations fréquentes à la maison (ou au travail), de trop grosses responsabilités sans la moindre marque de reconnaissance, un projet qui ne semble pas aboutir, des enfants à problèmes ou des parents acariâtres.

Il est vraiment surprenant de constater à quel point le corps est résistant au stress. Le bouleversement émotionnel peut durer longtemps avant que les défenses physiques ne s'effondrent ou, plus précisément, avant que nous remarquions que notre corps souffre de ce choc émotionnel.

Le corps possède un pouvoir incroyablement efficace de récupération, de sorte que si nous ne pouvons nous remettre d'une maladie, cela veut dire que nous avons épuisé nos ressources. C'est un signal d'alarme auquel il faut être très attentif, sous peine de problèmes physiques plus graves.

Asthme : une histoire vraie

Denise est asthmatique depuis deux ans. Cette affection est apparue six mois environ après la mort de son père. Elle avait 38 ans et travaillait dans une société d'audit. À la première consultation, Denise me dit qu'elle voulait se marier et fonder une famille. Avant de commencer la séance d'hypnose, nous avons fouillé son passé, avant l'apparition de son problème respiratoire. Denise raconta qu'elle avait aidé à la pose d'une moquette et que la colle utilisée avait affecté sa respiration. Réflexion faite, elle jugea que la pose avait eu lieu après la première crise d'asthme et que, par conséquent, les émanations de colle pouvaient avoir aggravé l'asthme, mais ne l'avaient pas provoqué.

L'événement traumatisant survenu avant l'apparition de l'asthme était évidemment la mort de son père, mais Denise ne pensait pas que cela lui avait posé un problème.

Nous nous mîmes d'accord pour vérifier cela sous hypnose. Elle se souvenait de lui comme d'un homme tracassier, qui ennuyait tout le monde avec ses humeurs et ses exigences. Depuis toujours, Denise avait essayé d'arranger les choses entre son père et le reste de la famille. Lorsqu'il mourut, elle en fut triste, mais pas exagérément, n'ayant jamais été très proche de lui.

Après la mort de son père, Denise eut à donner beaucoup d'attention à sa mère. Alors qu'elle avait déjà tant fait, deux années durant, pour son père grabataire, elle se sentit obligée d'aller voir sa mère tous les week-ends. Elle était tellement occupée qu'elle n'avait pas un moment pour penser seulement à avoir une vie privée et pouvoir enfin fonder une famille. Elle sentait le temps passer bien vite... Lorsque je lui fis remarquer qu'elle s'occupait de tout le monde et lui demandai qui s'occupait d'elle, elle fondit en larmes. S'étant sentie responsable du bien-être de chacun, elle se sentait incapable de veiller à son propre bonheur.

Dès la première séance, Denise avoua éprouver déjà un grand soulagement, comme si sa poitrine avait été libérée d'un poids, et son asthme commença à s'améliorer. Après quelques séances destinées à renforcer sa confiance en elle et à évacuer le sentiment de culpabilité dû à son désir de s'occuper enfin d'elle-même, Denise put expliquer à sa mère qu'elle viendrait la voir moins souvent pour prendre le temps de s'occuper de sa vie privée. L'asthme a continué à s'améliorer, au point qu'elle se passe, aujourd'hui, d'inhalateur.

Accroître ses performances

De plus en plus de sportifs utilisent l'hypnose et l'autohypnose pour s'assurer d'une forme optimale avant une épreuve. Il devient fréquent d'entendre parler de psychologues et d'hypnothérapeutes dans les milieux du football, du tennis, de la gymnastique, de la boxe, du golf et de l'athlétisme. On comprend aujourd'hui qu'il ne suffit pas d'entraîner le corps car, si votre esprit ne se concentre pas pour le soutenir et accroître son rendement, vous n'arriverez pas au maximum de ses possibilités.

L'autohypnose, grâce à la visualisation, est une méthode répandue et efficace pour un nombre toujours plus grand d'athlètes, afin d'améliorer leur technique et acquérir un moral de vainqueur.

L'hypnose aide en général dans les domaines suivants :

- apprendre plus vite les nouvelles techniques d'un sport
- améliorer la concentration
- améliorer la précision
- prendre conscience de la position du corps pendant certains mouvements
- éliminer la crainte de l'échec.

Maintes expériences ont prouvé que l'hypnose peut aider à améliorer la force physique et l'attitude mentale. Par exemple, on a testé la force musculaire du bras, selon que l'on est droitier ou gaucher. On trouve une force d'élévation moyenne de 40 kilos. Si l'on suggère aux personnes testées qu'elles sont faibles, leur puissance musculaire descend à 11 kilos. Mais si on leur suggère exactement le contraire, c'est-à-dire qu'elles ont en elles une force extraordinaire, leur puissance musculaire monte à... 63 kilos ! Et tout cela se passe en une heure de temps...

L'hypnose permet d'améliorer les performances sportives.

L'importance de l'attitude et de la conviction est aussi démontrée avec les coureurs. Un coureur perdait régulièrement la course quand il était opposé à un certain membre du club. On lui donna alors une pilule (en fait, un placebo), en l'assurant qu'avec ça il pourrait battre son adversaire. Il battit en effet son adversaire régulièrement. Il continua à réaliser d'excellentes performances, même quand il eut cessé de prendre cette pilule...

On a entendu dire que l'utilisation de l'hypnose pouvait conduire au surmenage physique, et donc être dangereuse, mais il est prouvé que ces craintes sont sans fondement. En réalité, les suggestions hypnotiques accroissent les performances en supprimant les barrières mentales qui empêchent le déploiement de la puissance musculaire, de la coordination et de la concentration dans leur totalité. Dans la suggestion hypnotique, il n'y a rien d'artificiel, aucun adjuvant. En d'autres termes, l'hypnose favorise l'émergence de ce que l'athlète a de meilleur en lui.

Il va sans dire que l'entraînement régulier et un minimum de talents dans le sport choisi sont des ingrédients de base indispensables. Mais, s'ils sont là, l'hypnose peut les améliorer considérablement et vous porter au sommet de vos possibilités.

Les autres domaines où l'hypnose accroît les performances sont les suivants :

- améliorer la mémoire
- améliorer la créativité
- vaincre le trac (acteurs, chanteurs, danseurs, etc.)
- réussir les tests, les examens (meilleure concentration, élimination de la nervosité)

- éliminer la peur de la page blanche et la «crampe de l'écrivain»
- étendre le champ d'attention
- accélérer l'assimilation intellectuelle.

Golf : une histoire vraie

Bertrand jouait au golf depuis qu'il avait pris sa retraite, trois ans auparavant. Il avait fait beaucoup de progrès et jouait très bien... jusqu'à ce qu'il perde lors de son premier tournoi de club.

Il devint alors très nerveux, sentant les regards braqués sur lui et jouant d'autant plus mal qu'il appréhendait de mal jouer. Son swing était devenu à peine acceptable et Bertrand n'avait plus guère de plaisir à jouer.

En trois séances d'hypnose, Bertrand a appris à se détendre et à se créer une «vision en tunnel» pour se concentrer totalement sur son swing. Il prend pour base le souvenir de la manière dont il maniait sa canne auparavant. Il se concentre sur tous les détails pour une parfaite exécution du swing – la position correcte du corps, la sensation d'équilibre, la position des mains sur le club, le mouvement de la partie supérieure du corps, des hanches, des bras et l'élan précis lorsqu'il frappe la balle. Bertrand fait son swing mentalement, en utilisant l'autohypnose... Il a rapidement constaté qu'il était revenu à sa forme première sur le green.

4 Qu'attendre d'un traitement ?

Comme pour toute forme de traitement du psychisme, il est de la plus grande importance de s'adresser à un praticien compétent, qui a suivi une formation préalable aux métiers de la santé. Mais comment savoir qu'un hypnothérapeute est compétent ? D'une bonne école d'hypnose peuvent sortir de mauvais thérapeutes, comme d'une école médiocre peuvent en sortir quelques bons. Ces derniers, conscients des limites de leur savoir, vont suivre ailleurs des cours pour se perfectionner. Il ne suffit pas, en effet, d'apprendre les différentes méthodes pour induire l'hypnose, de prodiguer des suggestions et de travailler sur des souvenirs, il faut soi-même être sorti de ses propres problèmes avant d'envisager de traiter ceux des autres. Très peu d'écoles exigent de leurs étudiants de se soumettre à une analyse, alors que ce devrait être obligatoire. Outre cette formation analytique, les nouveaux thérapeutes devraient être supervisés, au moins pendant leur première année d'exercice, et confirmés par un thérapeute d'expérience. Beaucoup de thérapeutes qualifiés, frais émoulus, abandonnent le métier, n'arrivant pas à surmonter les énormes responsabilités qu'il exige.

Comment trouver un hypnothérapeute compétent.

Pour résumer, un thérapeute doit être capable de nouer une relation constructive avec son patient.

Comment en choisir un bon ? Le mieux est qu'on vous le recommande chaleureusement, mais ce n'est pas toujours possible. Pour vous aider dans ce choix, nous allons souligner les points essentiels, depuis la première consultation jusqu'au traitement lui-même. Pages 143 à 145, vous trouverez une série de questions, que vous pourrez poser, à vous-même d'abord, puis au thérapeute, avant de commencer le traitement.

Avant de prendre rendez-vous

La plupart des gens cherchent un hypnothérapeute dans le quartier où ils habitent ou dans celui où ils travaillent, à moins qu'on ne leur en recommande un. Le plus simple est de demander à votre médecin généraliste s'il en connaît un. Si oui, demandez toujours si d'autres patients ont eu affaire à lui et quels en ont été les résultats. Vous éviterez ainsi des déconvenues.

Le premier contact est primordial.

Vous pouvez relever dans l'annuaire deux ou trois noms. Préférez-vous un homme ou une femme ? Téléphonez et soyez attentif à la façon dont on vous répond : est-ce une personne directement, un répondeur, ou bien n'y a-t-il pas de réponse ?

Si c'est une personne qui vous répond, vous avez la chance d'être tombé sur le thérapeute lui-même ou son assistante. Si vous tombez sur un répondeur, ne raccrochez pas ! Écoutez soigneusement le message. La teneur vous en semble-t-elle professionnelle ? Aimez-vous la voix ? La majorité des hypnothérapeutes travaillant seuls, sans assistante pour prendre les appels, ils ne peuvent répondre au téléphone quand ils sont occupés avec un patient. Aussi sont-ils obligés de faire confiance à un répondeur... S'il n'y a pas de répondeur et que le téléphone sonne dans le vide, le thérapeute n'est vraisemblablement pas très professionnel. Rappelez le lendemain pour voir à tout hasard s'il en est de même... Si oui, prenez un autre nom dans l'annuaire.

Certains thérapeutes vous proposeront l'envoi d'une notice ou d'une brochure les concernant. Pourquoi pas ? Elle peut vous donner une idée de leurs qualifications et de leur façon de procéder, une première impression. Mais le véritable test est la première rencontre avec le thérapeute.

Vous pouvez vous faire accompagner par un ami.

À moins de vouloir une thérapie très précise (arrêter de fumer, par exemple), prenez toujours un rendez-vous pour une simple consultation. Si cela vous ennuie d'y aller seul, emmenez un ami (par courtoisie, prévenez-en le thérapeute), de façon à pouvoir en parler ensemble après. Lorsque les soins débutent, la plupart des thérapeutes n'admettent pas une tierce personne, à moins que le patient soit un enfant, auquel cas un parent est toujours présent pendant le traitement. La raison pour laquelle la présence d'un tiers n'est pas permise pendant le traitement d'un adulte est que cela entrave le progrès. En effet, devant un tiers, le patient sera beaucoup plus réticent à se rappeler des souvenirs embarrassants ou douloureux.

La première consultation

Certains hypnothérapeutes consultent à leur domicile, d'autres en cabinet. Le cabinet peut paraître plus professionnel, mais certains thérapeutes habitent des maisons assez grandes pour avoir une salle de consultation. Le plus important est que l'endroit soit très calme. Vous ne payez pas des séances d'hypnose pour entendre pleurer un enfant dans une pièce voisine ou voir un chien entrer et sortir.

À la première consultation, posez toutes les questions que vous désirez. C'est à ce moment aussi que le thérapeute décide de s'occuper ou non de vous. Il veut s'assurer, en effet, que votre cas peut se traiter par l'hypnose. Il vous donnera aussi quelques explications supplémentaires sur la façon dont il travaille. Pour vous, c'est l'occasion de lui demander depuis combien de temps il pratique et, si c'est depuis moins d'un an, par qui il est supervisé.

Êtes-vous à l'aise avec le thérapeute ?

La première consultation, normalement, n'implique pas d'hypnose. Son but est, pour vous comme pour le thérapeute, de disposer de toute l'information nécessaire. Décrivez brièvement votre problème, vous aurez tout le temps d'entrer dans les détails à la prochaine séance. Souvenez-vous que cette prise de contact est l'occasion d'évaluer si vous vous sentez à l'aise avec le thérapeute, si vous avez confiance dans son professionnalisme.

C'est aussi le moment de parler honoraires. Beaucoup de thérapeutes offrent un tarif dégressif quand le traitement dépasse trois séances (c'est précisé dans la brochure).

Souvent, le thérapeute exige un «cachet exceptionnel» (supérieur au prix d'une séance normale), payable avant ou après la première séance. Si c'est le cas, demandez ce que vous aurez pour cet argent. Si c'est simplement parce qu'il vous prend en charge, vous pouvez reconsidérer la chose. Toutefois, si cet argent compense une première séance prolongée, à l'écoute de l'histoire de votre éducation, par exemple, un «cachet exceptionnel» peut se justifier et vous devez accepter.

On ne vous conseille pas le forfait pour toute la durée du traitement. Pourquoi ? Personne ne peut prévoir le nombre de séances nécessaire. Vous pouvez aussi ne pas être satisfait du praticien après quelques séances, et si vous avez payé d'avance... D'habitude, on paye à chaque séance, avant ou après. Payer d'avance est une garantie pour l'hypnothérapeute d'être prévenu 24 heures à l'avance si vous ne pouvez pas venir : si vous ne respectez pas le délai ou si vous renoncez, le paiement d'avance règle le problème.

Dans la plupart des cas, les actes sont facturés aux tarifs habituels du praticien, selon sa spécialité (psychiatre, psychothérapeute, généraliste, etc.) et sa renommée.

Raconter son histoire personnelle

Si votre problème exige un traitement plus long, l'hypnothérapeute voudra en savoir plus sur votre enfance, votre adolescence, votre milieu actuel, si vous avez une relation suivie et, si oui, si elle vous rend heureux. Ne vous scandalisez pas si l'on vous pose quelques questions intimes, comme : «Avez-vous avorté ?» ou «Avez-vous eu une fausse couche ?» Ce n'est pas de l'indiscrétion : le thérapeute a besoin d'être au courant de tels événements qui causent de sérieux traumatismes, des sentiments de culpabilité, d'inadaptation et, plus tard, des remords et des troubles émotionnels.

Certains thérapeutes passent rapidement sur l'histoire personnelle, mais d'autres se préoccupent des détails. Une autre école de pensée croit qu'il n'est pas nécessaire de tout savoir sur les patients, comment et où ils vivent. À chacun sa méthode.

Toutefois, prendre en compte l'histoire personnelle du sujet présente des avantages. En connaissant votre passé, le thérapeute est mieux à même de comprendre comment vous avez développé l'image que vous avez de vous-même et comment vous avez forgé vos croyances. En vous questionnant sur votre passé et votre présent, il saura déjà les domaines qui ont besoin d'être examinés. Si, par exemple, un patient manque de confiance en lui et raconte qu'il a été maltraité à l'école, le thérapeute peut, sous hypnose, se rendre compte si ce souvenir scolaire contribue ou non au manque de confiance d'aujourd'hui. De même, tous les souvenirs positifs, comme les réussites passées, peuvent être utilisés pendant la thérapie pour aider le patient à construire une meilleure image de lui-même et à maîtriser son problème. Souvenez-vous de la première histoire vraie sur le tabagisme (voir page 67). C'est un exemple où une réussite passée a été utilisée avec succès pour résoudre le problème actuel du patient.

Les détails de votre vie privée ont toute leur importance.

Lorsque vous racontez votre passé, il faut le faire avec la plus grande franchise. Nous pouvons nous sentir gênés de parler de certains faits mais, comme vous vous en doutez, ce sont précisément ceux que nous essayons de passer sous silence qui sont importants ! C'est précisément parce que vous devez étaler ces souvenirs déplaisants qu'il vous faut choisir un thérapeute avec qui vous vous sentirez en pleine confiance.

Considérez le temps passé en thérapie comme l'occasion d'en finir avec vos problèmes émotionnels et laissez au thérapeute le soin de déterminer ce qu'il en est. Plus vite vous vous déchargerez de votre fardeau émotionnel, plus vite vous vous sentirez heureux et maître de vous-même.

Les façons d'induire l'hypnose

Que vous soyez debout, assis ou couché quand le thérapeute vous hypnotise n'a aucune importance. La plupart des thérapeutes préfèrent mettre leurs patients à l'aise, soit sur un fauteuil confortable, soit sur un divan, la tête un peu surélevée.

Vous avez déjà vu un exemple d'hypnose dans le paragraphe sur l'autohypnose (voir page 47). Votre hypnothérapeute peut utiliser une méthode semblable. La seule chose que vous n'ayez pas vue est le balancement de la montre...

Lors de la première séance, le thérapeute passera beaucoup de temps à induire l'hypnose. C'est important, parce qu'une hypnose de bonne qualité est la base des séances à venir.

Il existe des centaines de méthodes pour induire l'hypnose. Il est hors de question, étant donné les limites de cet ouvrage, d'en décrire ne serait-ce que la moitié. Nous allons cependant évoquer les points communs de ces méthodes.

La méthode de la fixation

Le thérapeute vous demande de porter votre attention sur un objet placé devant vous et de le regarder fixement. Ce peut être une tache sur le mur, la pointe d'un crayon qu'il tient devant vous, une spirale tournante ou un objet lumineux. Dans le même temps, il vous conseille de vous détendre toujours plus et, à mesure que vous vous relaxez, vos paupières se font plus lourdes, jusqu'à ce que vous ne puissiez plus les garder ouvertes.

Le principe de la méthode de la fixation est de vous obliger à contempler un point très précis, afin de créer une sorte de vision mentale en tunnel, où les sons extérieurs et les pensées quotidiennes s'affaiblissent. Cette concentration vous aide à prendre conscience de vous-même et de vos sensations. Tandis que le thérapeute vous donne des suggestions pour vous détendre et que vous fixez votre attention, vous tombez dans une somnolence agréable et apaisante. Selon les individus, cette induction prend entre deux et vingt minutes.

La méthode de la confusion

Dans cette méthode, le thérapeute commence par vous demander de fermer les yeux. Plaçant un doigt entre vos sourcils, il vous demande de «regarder» ce point en gardant les yeux fermés. En même temps, il vous faut compter à rebours, disons de 500 à 1, tandis que le praticien vous demande de vous détendre toujours davantage à mesure que le compte s'égrène.

La méthode de la confusion utilise des éléments de fixation, en dirigeant votre attention sur une partie de votre corps, tout en procédant à un exercice mental. Essayer de faire ces deux choses à la fois surcharge le conscient, de telle sorte que toutes les suggestions du thérapeute sont beaucoup plus faciles à accepter. En d'autres termes, le conscient est troublé, distrait, de propos délibéré, afin d'avoir un accès plus facile à l'inconscient.

Les yeux fermés, vous comptez à rebours.

La méthode de la relaxation

Nous avons déjà parlé de la relaxation progressive des muscles (voir page 53), qui peut faire partie de la méthode employée par votre thérapeute.

Selon que vous vous révélez être un sujet plus ou moins bon, votre thérapeute peut vous donner des instructions plus ou moins détaillées sur la manière de vous focaliser sur votre corps et de ressentir comment les muscles commencent à se détendre.

Il peut aussi attirer votre attention sur des sensations comme une chaleur ou des picotements agréables et vous suggérer qu'à chaque inspiration vous vous relaxez davantage, tandis qu'à chaque expiration votre tension diminue.

En un sens, la méthode de la relaxation fonctionne aussi avec la fixation, mais celle-ci n'est pas maintenue longtemps sur le même objet. Au contraire, elle se déplace d'une partie du corps vers une autre («vos pieds se relaxent de plus en plus ; sentez la chaleur et les picotements, et remarquez que cela monte maintenant dans vos mollets...»). L'effet de la relaxation, une fois de plus, vient de la focalisation sur vous-même, qui vous conduit à oublier les stimuli extérieurs. Tout cela, avec les suggestions du thérapeute, vous plonge dans un état d'hypnose extrêmement apaisant.

À ce point de l'exposé, laissez-moi vous répéter que la méthode utilisée par votre thérapeute n'a guère d'importance : vous vous sentirez toujours parfaitement normal, en aucun cas étrange ou «hypnotisé». Le sentiment d'être hypnotisé n'existe pas. Vous saurez toujours où vous êtes, vous pourrez toujours entendre les bruits de la rue ou ceux de la pièce.

Même sous hypnose, vous resterez conscient.

Que se passe-t-il réellement ? Les choses autour de vous deviennent simplement moins importantes, parce que votre attention est braquée sur vous-même et sur vos sensations intérieures. Vous n'éprouvez qu'un sentiment de détente physique et une grande tranquillité d'esprit : ne soyez pas déçu si vous ne vous sentez pas comme un zombie !

L'approfondissement par le compte à rebours

Après l'induction, le thérapeute s'emploie à approfondir l'hypnose légère initiale. Une méthode très répandue est de compter à rebours, par exemple de 10 à 1, tandis qu'il vous suggère de vous relaxer de plus en plus à mesure qu'il décompte, vous enfonçant toujours davantage dans votre fauteuil...

Une façon d'obtenir une hypnose encore plus profonde est d'utiliser l'imagination. Le thérapeute vous suggère des images agréables, comme une plage ensoleillée, un magnifique jardin ou une pièce confortable où vous vous sentez à l'aise. Dès qu'il s'est assuré que vous êtes bien sous hypnose, il commence par des suggestions relatives à votre problème ou bien il en propose quelques-unes post-hypnotiques, pour vous préparer à entrer dans un état d'hypnose profond et agréable, au cours duquel il prononce un mot comme «Dormez», afin que le temps d'induction soit considérablement réduit à la prochaine séance.

Compter à l'endroit

Chaque induction hypnotique doit être inversée lorsque se termine la séance. Très souvent, cela se fait en comptant à l'endroit (par exemple, de 1 à 10). Vous prenez petit à petit conscience de ce qui vous entoure et revenez au point initial, mais avec la sensation d'être reposé et rafraîchi.

Le thérapeute a alors besoin de s'assurer que vous êtes bien sorti de l'état d'hypnose. Comme l'hypnose peut être extrêmement relaxante, surtout pour les gens nerveux et tendus, secouer cette légère hébétude est parfois un peu long. Le remède, très simple, est de prendre quelques inspirations rapides et de tendre tous vos muscles très fortement et à plusieurs reprises pour réactiver la circulation sanguine.

Analyser un souvenir

Vous avez remarqué, à travers ce livre, qu'il existe des indications non seulement pour cerner les souvenirs liés à notre problème actuel, mais aussi pour les analyser. De quoi s'agit-il ?

Dans l'hypno-analyse, vous et votre thérapeute vous attelez à découvrir les stress émotionnels qui ont provoqué vos symptômes. Si, par exemple, vous souffrez de crises de panique depuis l'âge de 18 ans, il est évident qu'il faut remonter à une époque précédant la première crise. Si vous avez 45 ans et que la première crise de panique ne date que d'un an, inutile de remonter aussi loin. Le thérapeute, avant toute chose, se concentrera sur des souvenirs datant d'un an et demi à deux ans avant la première crise, pour établir si des stress émotionnels sont arrivés alors. Une fois que les événements traumatisants, évoqués ou oubliés, sont revenus à la surface, il faut les analyser.

Prenons le cas de Suzanne. Sa première crise de panique survient à 18 ans. Elle s'est trouvée enceinte à 17 ans, son petit ami ne voulait rien savoir et ses parents avaient tellement honte d'elle qu'ils l'ont envoyée accoucher dans un foyer pour mères célibataires. Ils ont insisté ensuite pour qu'elle abandonnât son enfant en vue d'une adoption éventuelle. Bouleversée, elle évoquait ces souvenirs avec une grande tristesse. En les racontant, elle découvrit une chose qu'elle avait oubliée : elle avait eu sa première crise de panique dans le foyer, et non à sa sortie.

C'est à ce moment-là que beaucoup d'écoles d'hypnose s'arrêtent. Dès que le patient a retrouvé le souvenir de l'émotion liée à l'événement, il est considéré comme guéri – on n'a plus qu'à attendre que les symptômes disparaissent d'eux-mêmes... Certes, il en va ainsi dans certains cas mais, dans d'autres, établir le lien émotionnel entre aujourd'hui et le passé pour évacuer les symptômes n'est pas suffisant. L'intuition est utile mais ne constitue pas toujours le remède.

Prenez le temps d'analyser vos souvenirs.

Le thérapeute doit s'assurer que les souvenirs ne sont pas exhumés seulement pour pouvoir s'en accommoder plus facilement. Cela conduit à explorer tous les sentiments liés à l'événement traumatisant d'origine. Dans notre exemple, Suzanne était invitée à dire ce qu'elle pensait de son petit ami qui l'avait abandonnée dès qu'il avait appris qu'elle était enceinte, et aussi de ses parents l'éloignant, plus préoccupés qu'ils étaient de l'opinion des voisins que de ce qui arrivait à leur fille, enfin de l'abandon de son enfant. Après son bouleversement premier, des sentiments de culpabilité et de colère sont remontés. On demanda à Suzanne d'exprimer ces sentiments avec des mots et de les adresser mentalement à la personne concernée. Sous hypnose, elle exprima sa déception et sa colère envers son petit ami et ses parents, ce qu'elle n'avait pu faire à l'époque, étant sous le choc. Cette méthode l'aida à évacuer des sentiments qui l'oppressaient. Elle avoua que cette séance avait eu un effet libérateur. Se sentant plus maîtresse d'elle-même, les crises de panique disparurent.

Il faut ajouter que les thérapeutes peuvent aller plus loin, en transposant des expériences passées de leur patient dans un cadre nouveau. Cela se fait en mettant l'accent sur les progrès qu'un patient a pu faire dans d'autres domaines et en insistant sur le succès qu'il a remporté en d'autres occasions. Le thérapeute peut aussi démontrer que la résolution de chaque problème rend plus fort et plus efficace pour affronter des difficultés nouvelles. Il peut fournir des suggestions pour affermir la confiance et l'estime de soi. Aider le patient à analyser les souvenirs est essentiel, si le thérapeute est persuadé que le patient est bien décidé à coopérer pour résoudre ses problèmes d'une façon constructive.

Ce qui se passe au cours de l'hypno-analyse

Dans ce paragraphe, je voudrais entrer dans le détail de quelques procédés auxquels vous devez vous attendre. Il est utile de les connaître, non seulement d'un point de vue général, mais aussi pour vous prévenir contre de pseudo-souvenirs imposés par des thérapeutes.

Certaines écoles d'hypnose travaillent strictement selon les principes freudiens. Quels que soient les problèmes dont vous souffrez, si l'analyse est décidée, les praticiens freudiens utilisent les associations libres pour accéder aux souvenirs liés à votre problème présent.

L'association libre signifie que, dès que vous êtes sous hypnose, on vous encourage à parler librement de tous les souvenirs qui vous viennent à l'esprit, tandis que le thérapeute écoute et prend des notes.

C'est une méthode efficace pour faire revenir les souvenirs à la surface. Même si vous ne vous rappelez, au début, que des choses sans importance, vous accédez vite à des souvenirs plus profondément enfouis. Mais cette méthode d'association libre peut durer longtemps, car elle fait appel à un grand nombre de souvenirs, qu'il faut démêler pour arriver à ceux qui sont directement liés à votre problème actuel.

Le thérapeute vous aidera à focaliser sur certains souvenirs.

Afin de gagner du temps, le thérapeute peut utiliser une technique habituellement connue sous le nom de «secouer l'arbre». Cela implique de vous encourager, lorsque vous êtes sous hypnose, à imaginer certains sentiments comme la gêne, la solitude, la culpabilité ou le bouleversement et de les relier à des événements qui vous sont vraiment arrivés dans le passé. Comme vous le constatez, seuls les sentiments désagréables sont considérés dans la technique du «secouer l'arbre». Pourquoi ? Parce que, invariablement, les problèmes psychologiques évoquent des épreuves négatives passées. «Secouer l'arbre» vous permet de vous focaliser directement sur ces sentiments négatifs : les souvenirs négatifs liés à votre problème actuel remonteront plus vite.

Il est très important que cette méthode soit utilisée dans son sens le plus large, n'impliquant que les émotions les plus courantes. Chacun s'est, un jour ou l'autre, senti bouleversé, embarrassé ou coupable. Mais les difficultés commencent lorsque le thérapeute introduit des images comme le fait d'être cerné par les flammes, de se noyer ou d'être violé. Ce ne sont pas des expériences de tous les jours, tout le monde n'est pas passé par de telles épreuves ! Quand un thérapeute introduit des images aussi violentes, la plupart des patients les écartent parce qu'elles ne correspondent pas à leur expérience personnelle. Mais certains, particulièrement vulnérables ou anxieux, peuvent être troublés par ces images ou commencer à se demander si de tels accidents leur sont arrivés et s'ils les auraient oubliés ou refoulés. Dans le domaine sexuel, en particulier, cela peut conduire à un pseudo-souvenir. On en parlera plus loin dans cet ouvrage (page 134).

Focaliser sous hypnose l'attention sur un sentiment négatif est une autre méthode mise en œuvre dès la première séance. Prenons l'exemple d'un patient qui souffre d'angoisse. Le thérapeute peut d'emblée lui demander de décrire ce sentiment en détail. Cela pourrait prendre la forme suivante :

Le thérapeute : *Cette angoisse, comment se manifeste-t-elle ?*
Le patient : *C'est horrible. Elle est toujours présente. Elle me tord l'estomac à chaque instant. Je suis toujours nerveux comme si j'attendais une catastrophe imminente.*
Le thérapeute : *Lorsque vous avez ce sentiment affreux d'une catastrophe imminente, y a-t-il d'autres sentiments ?*
Le patient : *Je ne suis plus moi-même. Je ne peux avoir aucune relation avec qui que ce soit. Je me sens pitoyable et impuissant.*

Le thérapeute : *Ce sentiment d'être pitoyable et impuissant, ne l'avez-vous pas déjà éprouvé dans le passé ?*
Le patient : *Cela me rappelle mon professeur de maths au collège. Nous le craignions tous, car il ne nous ratait pas si on ne pouvait pas répondre, et cela nous rendait pitoyables et impuissants...*

Vous voyez comment l'exploration d'un sentiment est utilisée pour le relier à un souvenir qui, à son tour, va conduire à des souvenirs que le patient associe à l'angoisse. Dans cet exemple, le patient se souvenait à quel point son professeur l'effrayait, l'interrogeant souvent et l'humiliant devant toute la classe. Ce souvenir a conduit à la vie familiale, où cela n'allait pas beaucoup mieux. Sa mère était lunatique et facilement troublée, il ne pouvait donc pas lui parler de ses problèmes. Son père se contentait de lui dire de s'arranger tout seul. Il se sentait abandonné à sa peur d'affronter le collège les jours suivants. Après cette séance particulière, le patient remarqua qu'il s'était toujours souvenu de ses difficultés scolaires, mais qu'il avait oublié le fait de n'avoir jamais reçu la moindre aide à la maison.

L'hypnose agit au niveau de l'inconscient.

La raison pour laquelle l'hypno-analyse est si utile pour découvrir les souvenirs oubliés est qu'elle agit au niveau émotionnel de l'esprit, l'inconscient. À mesure que vous explorez vos sentiments, ceux-ci conduisent à un ou deux souvenirs qui sont le début d'une longue chaîne. C'est comme contempler une vieille photographie. La robe et la coiffure d'alors... Vous vous souvenez soudain du jour où vous l'avez portée la première fois, à quelle occasion la photo a été prise, ce qui est arrivé cette année-là... Un souvenir en entraîne un autre et rapidement vous ressuscitez une moisson de souvenirs enfouis depuis des années.

Le fil du souvenir se déroule peu à peu.

Il est plus facile de comprendre ce mécanisme si vous imaginez que votre esprit contient tous vos souvenirs, mais que les plus récents sont plus proches de la surface et donc plus accessibles. Exactement comme un oignon, ils sont disposés en couches selon leur âge. Lorsqu'un événement particulièrement troublant survient dans votre existence, de deux choses l'une : soit ce souvenir bouleversant surnage sur la couche supérieure pendant de nombreuses années, soit il s'enfonce profondément, se soustrayant à la conscience, afin d'éviter par la suite toute émotion à son propos. Dans ce cas, nous parlons de refoulement : le souvenir est là, mais enfoui dans un coin éloigné de la banque des souvenirs.

Lorsque vous tombez sur un souvenir lié à votre problème actuel, vous pouvez vous sentir ému aux larmes. On appelle cela une abréaction. Le terme signifie que vous avez relié une émotion à l'époque où vous l'avez ressentie pour la première fois.

Le patient, dans l'exemple ci-dessus, se souvenait très clairement d'avoir téléphoné à son père depuis le collège pour lui parler de ses malheurs. Ce fut pour se faire envoyer promener, ce qui le laissa à une solitude encore plus amère. Il se sentit très ému durant une minute ou deux en revivant toute l'amertume qu'il avait alors ressentie. Cette abréaction fut le tournant de son analyse. Il se rendit compte qu'il avait traîné ces sentiments d'angoisse et de crainte depuis l'enfance, mais qu'il n'en avait cure maintenant : ils appartenaient au passé, il pouvait donc les laisser derrière lui.

La solution émotionnelle d'événements traumatisants passés peut s'opérer, non lors de la séance, mais dans les jours suivants. Dans les machines à sous, la pièce ne tombe-t-elle pas parfois après un certain délai ? Une abréaction peut être parfaitement silencieuse. L'abandon d'une émotion négative liée à sa cause initiale peut survenir tranquillement. C'est ressenti parfois comme un simple sentiment de soulagement, comme si vos épaules se libéraient d'un poids.

Contrôlez vos progrès

Dès le début de vos séances d'hypnose, vous devez constater des résultats rapides avec une thérapie de suggestion ou une thérapie de désensibilisation. Les suggestions doivent produire leurs effets en trois séances maximum. Si elles n'agissent pas au bout de deux séances, il faut chercher les causes cachées du problème. Avec la désensibilisation, les progrès dépendent aussi de votre engagement à pratiquer des techniques de détente entre chaque séance. Certains thérapeutes donnent à leurs patients une cassette d'autohypnose dès la première séance (soit l'enregistrement des suggestions données pendant la séance, soit une cassette de relaxation

Dressez une liste des objectifs à atteindre.

hypnotique générale). À condition que le patient utilise la cassette régulièrement entre les séances, les progrès doivent se manifester au bout de trois à cinq séances maximum, avec des résultats encore plus substantiels après les cinq séances suivantes.

Avec l'hypnose analytique, il est plus difficile de prévoir le moment où vous constatez des résultats. Encore une fois, cela dépend beaucoup de la compétence de votre thérapeute, mais il a besoin de votre coopération pour réussir. Si vous décidez de taire certains souvenirs parce qu'ils vous embarrassent, si vous trouvez honteux d'en parler, la solution de vos problèmes n'est pas pour demain, et peut-être la rendez-vous impossible. Cela ne signifie pas que vous devez tout faire par vous-même et réussir à exhumer des souvenirs oubliés depuis longtemps. En réalité, cela signifie que, si vous vous remémorez un événement passé lors d'une séance, même si cela vous met un peu mal à l'aise, vous devez faire l'effort d'en parler, ne serait-ce que pour dire : «Je pense à un souvenir difficile à évoquer.» Le thérapeute est justement là pour vous aider à le faire.

Afin de contrôler les progrès de mes patients, je dresse avec eux la liste des buts à atteindre dès la première séance d'hypnose analytique. Je leur demande de réfléchir au moment où ils reconnaîtront que tout va mieux : si un miracle se produisait ce soir, si demain leurs problèmes avaient disparu, qu'est-ce qui serait différent ?

Voici les réponses possibles d'un patient angoissé :

- se réveiller le matin calme et dispos
- cesser de se faire du souci tout le temps

- dormir mieux
- être capable de se concentrer et se rappeler ce qu'on a lu
- arrêter d'avoir des palpitations.

Et celles d'un patient qui manque de confiance en lui :

- être capable de dire non quand je n'ai pas le temps de faire quelque chose
- être capable de formuler mes propres opinions
- cesser de différer les tâches déplaisantes
- rendre ce grille-pain défectueux au magasin qui me l'a vendu
- rechercher un travail qui me convienne mieux.

Vous pouvez constater que ces aspirations sont très précises, qu'il est facile de les confronter à la réalité après quatre à six séances. Cela vous donnera une indication claire de vos progrès. Quand un jeune homme angoissé se rend compte qu'après une semaine il dort mieux et qu'il peut se rappeler ce qu'il a lu dans les journaux, sa concentration s'est améliorée et il est devenu plus calme.

Les hypnothérapeutes n'établissent pas tous une telle liste, mais rien ne vous empêche d'en dresser une pour vous. Formuler des résultats positifs vers lesquels vous tendez vous maintient (avec le thérapeute) dans la course. Choisissez au moins trois buts susceptibles de vous indiquer des améliorations et commencez à en guetter les prémices après quatre ou cinq séances.

J'ai commencé à dresser une liste de souhaits avec mes patients, parce que je m'étais aperçue qu'ils ne remarquaient pas toujours leurs progrès. Il est vrai qu'ils sont parfois imperceptibles. En voici un exemple.

Un jeune homme qui était venu me voir parce qu'il manquait de confiance en lui avait très peu travaillé sur ses souvenirs lors des trois premières séances d'hypno-analyse. À la quatrième, je lui demandai s'il avait noté quelque changement positif. Il me répondit que non. Mais, en creusant un peu, il apparut qu'il avait accepté deux invitations de collègues à prendre un verre, chose qu'il n'avait jamais faite auparavant. Il ne l'avait pas noté comme une amélioration, parce que cela lui avait semblé très simple. Les patients s'attendent souvent à un feu d'artifice intérieur stupéfiant, qui éclatera quand ils iront mieux, alors que, lorsque le progrès se manifeste en douceur, il leur échappe.

Les blocages intérieurs seront supprimés.

L'hypnose n'a pas pour but de vous enseigner comment vous en tirer tout seul. Elle supprime les blocages intérieurs pour que vous puissiez poursuivre votre chemin et faire les choses que vous êtes capable de faire sans vous mettre martel en tête. Tant que quelqu'un d'autre au monde réussit dans ce que vous essayez de faire pendant vos séances d'hypnose, dites-vous que vous pourrez y arriver aussi. Et, qui sait, vous pourriez être la première personne à réussir là où tout le monde a échoué...

Les réponses à vos questions

Et si je ne peux pas être hypnotisé ?
Rappelez-vous que les seules personnes à ne pouvoir être hypnotisées sont celles en état d'ivresse et celles dont l'intelligence est au-dessous de la moyenne. Le simple fait de lire ce livre vous exclut déjà de la seconde catégorie ! Rappelez-vous qu'être hypnotisé peut n'être pas éprouvé comme vous vous y attendez, mais cela ne veut pas dire que vous n'êtes pas sous hypnose.

Et si je ne peux pas me souvenir du passé ?
Tout le monde peut se souvenir de son passé, si peu que ce soit. Vous vous souvenez de votre maison lorsque vous aviez 10 ans. Il en est de même des bâtiments de votre école et du trajet pour s'y rendre. Ce sont de bons points de départ qui mènent à d'autres souvenirs. Si vous êtes en panne, le thérapeute vous aidera à remonter dans le passé.

Est-ce que nous cherchons un lourd secret enfoui ?
Non. Un grand nombre de problèmes remontent à des événements dont, certes, vous vous souvenez, mais dont vous avez oublié qu'ils vous avaient tellement affecté à l'époque. Quelquefois, il faut remonter à un souvenir enfoui, mais c'est rare.

Serai-je capable de maîtriser ce que je vais découvrir ?
En général, le souvenir d'un événement passé n'est pas aussi dur que le fait de le vivre. Cependant, auriez-vous à gérer un cas particulièrement traumatisant, votre thérapeute est là pour vous aider à trouver le traitement.

5 Comment trouver un hypnothérapeute compétent

Depuis quelques années, les journaux font des reportages critiques sur l'hypnose, d'aucuns à travers certaines écoles, d'autres à travers quelques hypnothérapeutes. À part quelques journaux à sensation, la plupart des critiques sont justifiées.

Les formations à l'hypnose sont très variées, elles peuvent durer de trois mois à trois ans. Certaines se font uniquement par correspondance : elles ne peuvent être efficaces que si elles sont associées à une formation pratique. En effet, vous ne voudriez pas être opéré par un chirurgien qui n'aurait lu que des livres et n'aurait jamais manié le bistouri ! Il est relativement facile d'aider quelqu'un à entrer en hypnose, mais l'en sortir demande beaucoup de compétence. Pour ce faire, les thérapeutes doivent apprendre les bases techniques avec des thérapeutes confirmés. Aucun cours par correspondance ne peut fournir ce type d'apprentissage.

Les formations à l'hypnose sont très variées.

La durée des études qu'aura suivies un thérapeute n'est pas nécessairement une garantie de compétence, mais on croira aisément qu'un praticien qui a passé six mois à apprendre une spécialité a des chances d'être plus qualifié que celui qui a passé un examen après un séminaire d'une semaine.

Ceux qui vont pratiquer l'hypnose analytique doivent avoir subi une analyse didactique durant leurs études ou après. Une analyse didactique exige des futurs thérapeutes d'être passés par le processus même qu'ils proposeront à leurs patients par la suite. Pendant cette analyse, les thérapeutes stagiaires doivent faire face à leurs propres problèmes et les clarifier. Cette analyse didactique est conduite par un hypnothérapeute ayant au moins trois ans d'expérience. Ainsi, les patients peuvent être sûrs que leur thérapeute sait aussi bien qu'eux ce que l'on ressent lors d'une thérapie.

Le syndrome du pseudo-souvenir

Au cours des dix dernières années, on a vu croître le nombre de cas d'abus sexuels sur les enfants. Alors qu'on n'en entendait jamais parler il y a vingt ans, c'est devenu un sujet très souvent évoqué à la télévision, par des gens qui parlent ouvertement des abus sexuels dont ils auraient été victimes quand ils étaient enfants.

Qu'est-ce qu'un pseudo-souvenir ?

Cet intérêt subit des médias pour ce sujet signifie-t-il que se produit une augmentation des viols d'enfants ? Je ne le pense pas, je crois tout simplement que le sujet n'est plus tabou.

Il est très difficile d'évaluer le taux d'adultes qui ont été abusés sexuellement quand ils étaient enfants, mais nous savons très bien que le problème existe. Selon la gravité et la fréquence de ces abus, l'épreuve laissera des cicatrices psychologiques pour la vie entière. Dans les cas extrêmes, cela peut mener à des tentatives d'automutilation, quand ce n'est pas au suicide. Il n'y a aucun doute qu'avoir été victime d'abus sexuels, enfant ou adolescent, est l'une des épreuves les plus terribles qu'on puisse subir, comme le savent les victimes et les professionnels spécialistes du problème.

Il existe deux catégories de patients qui viennent se faire traiter en hypnose : ceux qui se souviennent parfaitement d'avoir été abusés sexuellement et qui veulent surmonter le traumatisme, et ceux qui n'en ont pas gardé le souvenir. Le thérapeute peut traiter avec succès la première catégorie de patients. C'est lorsque le patient commence une thérapie en n'ayant aucun souvenir d'avoir été abusé sexuellement et qu'il découvre par la suite qu'il l'a été que la question se pose de savoir si ce sont des souvenirs authentiques ou si c'est le thérapeute qui lui a mis ces idées en tête.

Les abus sexuels : une question difficile.

L'attention du public a été attirée par des reportages, à la télévision, ou dans la presse, sur le syndrome du pseudo-souvenir. En particulier le cas Ramona, en Californie, a eu beaucoup de retentissement. Gary Ramona a demandé huit millions de dollars de dommages et intérêts au thérapeute de sa fille pour avoir enraciné des pseudo-souvenirs d'abus sexuel dans son esprit. Il gagna son procès et obtint un demi-million de dollars, mais sa vie privée était déjà fichue : il avait perdu son travail et sa femme l'avait quitté. À la suite de ce procès et de bien d'autres, des associations professionnelles (comme la British Psychological Society et le United Kingdom Council for Psychotherapy) ont mis sur pied des sections d'investigation de pseudo-souvenirs. Des initiatives privées ont lancé des organisations, telles que The British False Memory Society et The False Memory Syndrome Foundation of Philadelphia aux États-Unis, qui travaillent avec des parents qui se prétendent faussement accusés.

Un souvenir traumatisant peut être définitivement oublié.

Tout cela est très compliqué pour un observateur extérieur. Qui a tort, qui a raison ? Dans une hypnose, comment se protéger du syndrome du pseudo-souvenir ?

À ce point de l'exposé, il est important de faire une distinction supplémentaire entre les deux groupes de patients. Dans le groupe de ceux qui entrent en thérapie sans avoir de souvenir conscient d'abus sexuels mais qui, par la suite, découvrent ces souvenirs, il y a ceux qui ont été abusés sexuellement, mais qui en ont refoulé le souvenir et ceux qui sont abusivement amenés par le thérapeute à dire qu'ils l'ont été, alors qu'il n'en est rien. Voyons d'abord le premier cas.

Les différentes associations qui se préoccupent du pseudo-souvenir soutiennent qu'il n'existe pas de tels souvenirs refoulés, le raisonnement étant qu'un événement aussi traumatisant qu'un abus sexuel ne saurait être oublié ou refoulé. On ne peut nier cependant que le refoulement existe bel et bien et qu'il ne se borne pas aux abus sexuels. Un livre récent sur la Seconde Guerre mondiale cite plusieurs exemples de soldats ayant volontairement ou non refoulé des souvenirs. Il a fallu quarante ans à un soldat pour se rappeler qu'il avait tranché la gorge d'un Allemand dans un corps-à-corps au cours d'une patrouille. Il avait toujours cru qu'il faisait un cauchemar, jusqu'au jour où, au cours d'une réunion d'anciens combattants, son adjudant lui confirma la réalité des faits. Il y a aussi des patients qui, contre toute attente, ramènent sous hypnose des souvenirs d'abus sexuels et trouvent plus tard des témoignages les confirmant. Quelquefois, c'est un frère ou une sœur qui en avait été le témoin, sans oser en parler à l'époque, ou bien un adulte qui connaissait les faits mais avait eu peur d'affronter le coupable.

En résumé

Aussi longtemps qu'il n'y aurait qu'un seul cas où le souvenir, d'abord oublié, apparaîtrait lors de la thérapie et serait confirmé ensuite par un témoin, il faut admettre l'idée qu'un être humain est capable de supprimer un souvenir aussi traumatisant, car c'est le seul moyen pour lui de transiger avec une surcharge émotionnelle.

Les sévices sexuels se font dans le secret, les témoins sont rares. Soyons réalistes et admettons que la perversion et la méchanceté existent bel et bien, comme l'indifférence à la souffrance des autres. Aussi faut-il être très attentif au fait qu'un enfant refoule facilement un tel choc.

Les organisations sur le pseudo-souvenir ont fait un travail estimable, en passant au crible les théories sur lesquelles sont fondées les diverses écoles de psychothérapie et d'hypnose. Il faut savoir, et c'est important, que certaines écoles croient que la cause fondamentale de tous les problèmes psychologiques est l'abus sexuel sur les enfants et que tout un chacun a été abusé dans sa petite enfance, mais que la plupart des gens ont refoulé ce souvenir. Par conséquent, selon ces écoles, le rôle du thérapeute consiste à «aider» les gens à se souvenir de ce «sévice». Il n'est pas étonnant que les tenants de cette théorie trouvent ce qu'ils cherchent parce que, tout simplement, consciemment ou inconsciemment, ils s'efforcent d'influencer le patient dans cette direction. Tout ce dont le patient se souviendra sera alors interprété pour coller à la théorie. Cela, naturellement, est une manière totalement irresponsable de travailler, qui peut causer un tort considérable, particulièrement en conjonction avec l'hypnose, lorsqu'une personne est très influençable.

De faux souvenirs peuvent être suscités par le thérapeute.

On doit dire très clairement que nous pouvons tous être victimes d'un lavage de cerveau, avec ou sans hypnose, si nous sommes exposés longtemps à certaines suggestions. Une question peut être formulée avec une suggestion sous-jacente. Une patiente se rappelle que son père l'avait prise dans ses bras lorsqu'elle avait 13 ans.

Le thérapeute : *Et qu'avez-vous ressenti ?*
La patiente : *Je n'aimais pas cela.*
Le thérapeute : *Il vous caressait alors ?*
La patiente : *Oui, il me serrait contre lui.*

La question du thérapeute sur le fait que le père «caressait» sa fille conduit la patiente dans un état qui peut créer une image entièrement fausse. Il est possible que le père ait été prêt à faillir, mais il est également possible qu'il ait été très attentionné, sans se rendre compte qu'une fille en pleine puberté pouvait être très réticente à un tel contact, qui la rendait si heureuse lorsqu'elle était petite. Il est donc inacceptable pour le thérapeute de décider pour la patiente, ne serait-ce qu'en l'insinuant, que son père la «caressait».

Le thérapeute doit faire appel au souvenir d'une façon neutre. Si le sévice sexuel revient à la mémoire du patient, il viendra sans l'aide du thérapeute, avec ses questions et ses suggestions orientées.

Les souvenirs ne sont pas toujours clairs et nombre de patients se souviennent d'un événement en disant qu'ils n'en sont pas très sûrs : est-ce vraiment arrivé ou l'ont-ils rêvé ? Encore une fois, ce n'est pas le travail du thérapeute de pousser le patient d'un côté ou de l'autre. Sa tâche est, durant les séances, de l'aider à s'arranger avec ses souvenirs.

Il est de la plus haute importance, en psychothérapie comme en hypnose, de ne causer aucun dommage, ni aux patients ni à leurs proches. Les souvenirs doivent être traités avec soin, tous les efforts doivent être faits pour éviter une altération, parce que la détresse d'un enfant abusé confronté aux dénégations est aussi grande que celle d'un «violeur» faussement accusé.

Mémo à l'usage du patient

Récapitulons les points à considérer si vous décidez d'entreprendre un traitement par l'hypnose.

Avant de prendre rendez-vous

- Dans l'idéal, adressez-vous à un hypnothérapeute qui vous a été recommandé par un ami ou un membre de votre famille.
- Si vous n'avez pas de recommandation, décidez d'abord si vous préférez un thérapeute homme ou femme.
- Choisissez un praticien qui a suivi une formation médicale préalable et qui exerce depuis longtemps.
- Notez la rapidité de la réponse au téléphone, cela vous donnera une idée de son degré de professionnalisme.
- Si vous êtes anxieux, amenez un ami à la première consultation, mais prévenez le thérapeute que vous serez accompagné pour cette première rencontre.

Lorsque vous recevez une brochure

- Quelles sont les qualifications du thérapeute ? Fait-il partie d'une association professionnelle ?
- Quels sont ses honoraires et y a-t-il un tarif dégressif pour les patients qui ne sont pas très riches ?
- Sous quelles conditions le thérapeute offre-t-il un traitement (tous les thérapeutes ne traitent pas tous les cas que l'hypnose peut envisager) ?
- La brochure contient-elle une explication succincte sur les principes de fonctionnement de l'hypnose ?
- Contient-elle une courte explication sur les divers aspects offerts par des thérapeutes : désensibilisation, hypnose analytique et/ou autres thérapies associées ?

Lorsque vous vous rendez à la première consultation

- Vérifiez si la pièce de consultation est tranquille. Les portes qui claquent et les cris dans l'immeuble peuvent troubler les séances.

- Sachez depuis combien de temps le thérapeute exerce.

- S'il exerce depuis moins d'un an, sachez s'il est supervisé ou si, au moins, il peut consulter un thérapeute plus expérimenté que lui.

- Regardez les diplômes accrochés aux murs, ils vous informent des qualifications du thérapeute. Si vous avez des doutes, n'hésitez pas à poser des questions.

- À moins d'être parfaitement sûr d'avoir été abusé sexuellement étant enfant, demandez au thérapeute s'il croit que tous les problèmes dérivent d'une forme d'abus sexuel dans la petite enfance. Si la réponse est oui, on ne vous conseille pas de commencer un traitement avec ce thérapeute.

- Soyez bien sûr de comprendre le montant exact de ce que vous devez payer par séance et ce pour quoi vous payez.

- Comment vous sentez-vous devant le thérapeute ? Si vous n'êtes pas satisfait à tous points de vue (informations, contact), allez-vous-en et attendez quelque temps avant de vous confier à qui que ce soit.

Lorsqu'on aborde l'histoire personnelle

- Attendez-vous à des questions très personnelles (avortement, mésalliance).
- Soyez honnête dans la narration de votre existence passée et présente.
- Même si votre thérapeute ne vous demande pas de raconter votre vie, dès la première séance, mentionnez tous les événements passés qui vous semblent avoir un certain poids sur vos problèmes actuels.

Pendant les séances

- Avant ou après votre première séance, faites la liste des buts que vous voulez atteindre, à moins que le thérapeute ne l'ait établie pour vous. Qu'est-ce qui va vous indiquer que vous allez mieux ? Après quelques séances, n'oubliez pas, d'après cette liste, de constater vos progrès.
- Assurez-vous d'être assis ou allongé confortablement. Il est difficile de se relaxer lorsque le siège est trop dur.
- Ayez assez chaud, au besoin demandez une couverture.
- Gardez l'esprit ouvert pour savoir ce que vous ressentez sous hypnose.
- Notez les signes d'hypnose que vous pouvez trouver : yeux embués, changement du rythme respiratoire, sentiment de lourdeur ou de légèreté, impression de s'enfoncer dans le siège, envie de ne pas bouger même si l'on sent qu'on le pourrait, impression de la fuite rapide du temps, que vos mains sont « gonflées », sensation de secousses dans les mains, les bras, les jambes ou les pieds.
- Si le thérapeute dit ou fait une chose qui vous met mal à l'aise, dites-le. Si c'est important, dites-le tout de suite, sinon, attendez la fin de la séance.
- Si vous ne comprenez pas quelque chose, attendez la fin de la séance pour demander une explication.

Adresses utiles

Institut français d'hypnose,
22, rue Rambuteau, 75003 Paris.
Tél. : 01.48.04.08.14.

Milton Erickson hypnose,
27, rue Fourcroy, 75017 Paris.
Tél. : 01.39.16.17.72.

Hypnose centre médical,
81, rue Nollet, 75017 Paris.
Tél. : 01.46.27.00.98.

Institut Erickson Méditerranée,
151, chemin de Châteauvallon,
83190 Ollioules. Tél. : 04.94.18.97.22.

Index

A

B

C

D

E

G

H

I

M

N

O

P

R

S

T

U

V

2807

MARABOUT

Imprimé en Allemagne par Elsnerdruck

pour le compte des
Nouvelles Éditions Marabout
D. L. n° 10439 - avril 2001
ISBN : 2-501-03015-X